De la même autrice,
chez le même éditeur :

Sex in the Kitchen,
roman, 2013

Osez dresser votre mari,
guide pratique, 2014

Sex & the TV,
roman, 2015

À cœur pervers,
nouvelles, 2016

Osez 50 scénarios SM,
guide pratique, 2017

Punir d'aimer,
nouvelles, 2019

Éloge des petites bites

Pour en finir avec la dictature viriliste

Sous la direction de Christophe Siébert.

Conception graphique de la couverture : Alexis Jarret

Dépot légal : octobre 2023
ISBN : 978-2-36490-622-8

122, rue du Chemin-Vert – 75011 Paris
www.lamusardine.com

Octavie Delvaux

Éloge des petites bites

Pour en finir avec la dictature viriliste

La Musardine
L'Attrape-corps

AVANT-PROPOS

En m'engageant dans l'écriture de ce livre, je prends conscience que certains de mes lecteurs réguliers pourront s'étonner du thème que j'ai choisi. Octavie Delvaux faisant l'éloge des petites bites ? Ça, alors ! Il est vrai que je n'ai pas habitué mon lectorat à ce type de prise de position. Ai-je d'ailleurs jamais pris position ? Bien que ce ne semble pas évident de prime abord, je dirais que oui, souvent par le biais de la fiction, parfois dans des guides pratiques. Or, il faut bien l'avouer, dans ces domaines j'ai toujours privilégié l'érotisme au féminin, mettant un point d'honneur à donner la part belle au plaisir des femmes. Dans l'univers d'Octavie, si tant est que celui-ci existe, les hommes passent souvent au second plan : entre bonnes pattes, hommes objets ou salauds notoires, on ne sait quelle catégorie est la plus malmenée. Et puis tiens, pendant qu'on en parle, à travers des titres comme *Osez dresser votre mari* ou *Osez 50 scénarios de domination et de soumission*, je n'ai jamais caché mon attrait pour les rôles de femme dominante et d'hommes soumis. Irais-je jusqu'à affirmer que je soutiens une forme de suprématie féminine ? Non, tout de même pas, ces errances-là restent du domaine du fantasme et je ne saurais en porter l'étendard. Une chose est sûre, mon féminisme ne m'a jamais conduit à faire l'éloge des hommes, et pour tout dire je fais peu de cas de la citation « il faut beaucoup aimer les hommes. » À quoi bon tant se forcer à les aimer ? Ne se sont-ils pas suffisamment aimés eux-mêmes, ne se sont-ils pas rengorgés de leurs innombrables qualités au cours de l'histoire, au point d'en oppresser le sexe féminin de toutes les manières possibles et imaginables ? Ne l'ont-ils pas réduit des siècles durant à un ventre fertile, une fente, un récipient sans âme, ce sexe faible à l'opposé du leur ?

Eh oui, le leur, parlons-en du leur… Ce phallus tellement plus glorieux, tellement plus visible, fier et gigantesque. Et voilà que soudain, l'on en arrive à mon sujet. Serait-ce un hasard ? Certainement pas. J'ai toujours considéré la gloriole autour de la taille imposante du sexe masculin comme un signe de machisme, au même titre que l'obsession de certains pour les gros seins et les grosses fesses des femmes. Voyez-vous où je veux en venir ? Et si cette obsession sur la taille de nos attributs sexuels était un reliquat de millénaires de patriarcat ? Par souci d'égalité, ne serait-il pas temps d'enfin mettre un terme à ces diktats et donc, par la même occasion, de faire l'éloge des petites bites ? J'aurais tout aussi bien pu faire celui des petits seins mais il se trouve que j'ai intimement connu plus de bites que de seins, aussi mon expertise m'a poussée à choisir ce premier sujet.

Je profite de cet aveu de mon hétérosexualité pour prévenir mon lectorat. Je sais combien la sexualité est un sujet vaste et pluriel. Cependant, j'ai voulu faire de cet essai un travail personnel, en partie nourri par mon expérience, raison pour laquelle j'ai décidé de me concentrer sur ce que je connais le mieux, à savoir les rapports hétérosexuels entre personnes cisgenres. Qu'on n'y voie aucune discrimination ou étroitesse d'esprit de ma part : c'est parce que j'ai trop de respect pour la communauté LGBTQIA+, parce que je pense que la question de la taille du pénis ou du clitoris au sein de cette communauté mériterait un traitement très approfondi que je ne me risque pas à défricher ce terrain aujourd'hui. Plutôt que de survoler le thème, que de grappiller ici et là des exemples peu ou pas représentatifs, je préfère avouer mon incompétence sur le sujet et laisser le flambeau à celui ou celle qui voudra traiter ce beau sujet avec l'expertise qu'il mérite.

INTRODUCTION

Quand j'étais petite fille, je passais beaucoup de temps en voiture avec ma mère, qui était une femme douce et posée, sauf quand elle conduisait. Dans ces moments-là elle devenait une sorte de pit-bull, toujours prête à foncer et en découdre avec quiconque gênait la progression de sa Ford fiesta vert pomme dans la jungle urbaine. Hasard ou réalité sociologique, c'était souvent avec les hommes qu'elle se prenait le bec, les couvrant de noms d'oiseaux. Mais quand elle était vraiment en colère, elle leur adressait un geste mystérieux, avec son auriculaire. Elle le recroquevillait à leur adresse, tout en repliant tous ses autres doigts. Je connaissais l'usage du doigt d'honneur et savais que c'était grave, aussi je lui demandai un jour pourquoi elle ne leur faisait pas ce geste plutôt que l'énigmatique signe du petit doigt. Elle me répondit : « Ça c'est pire, ça veut dire petite quéquette, ça les met en rage ». Très jeune, donc, j'ai appris que « petite quéquette » était une terrible insulte. Phénomène qui m'étonnait un peu, car lorsqu'il m'était arrivé de voir le pénis de mon père, lorsque ce dernier sortait de la douche, ou bien ceux des hommes sur la plage mixte naturiste/textile que nous fréquentions souvent le week-end, ils me semblaient tous similaires, pendants et rabougris, pour ne pas dire franchement modestes par leur taille. La première fois que j'ai vu des bites qu'on pourrait qualifier de grosses, c'était dans une BD porno que nous avions trouvée avec mes copains et copines à l'arrière du car scolaire. Là encore, le calibre m'avait moins impressionnée que les gouttelettes de liquide aussi visqueux que mystérieux qui s'en échappaient…

Adolescente, lorsque l'idée d'une sexualité active a commencé à me tarauder, j'ai peiné à comprendre cette obsession de certaines pour les grosses bites. Au lycée, je me souviens de la tirade d'une élève de ma classe, pas n'importe laquelle : le genre de filles très populaires qui m'ignoraient et traînaient principalement avec des garçons. Celles dont on se disait, sans posséder la moindre preuve, qu'elle l'avait « déjà fait ». En plus elle était redoublante, c'est dire ! Interrogée par un camarade à propos de la façon dont elle voyait l'avenir, elle avait répondu de but en blanc « Je rêve d'épouser un mec riche, avec une grosse bite ». Moi qui n'avais alors rien introduit dans mon vagin hormis des tampons, non sans appréhension d'ailleurs, je ne comprenais pas qu'on puisse avoir pour ambition d'y glisser le braquemart le plus énorme possible. La sexualité féminine n'était-elle donc qu'une forme de masochisme visant à distendre ses chairs à l'extrême ?

Déjà, la question de la taille me taraudait…

Ensuite sont venus les premières vidéos pornos, mes premières lectures érotiques, les premiers rapports sexuels, les premières discussions sur le sexe entre filles.

J'ai mis de côté mes questionnements pour conclure qu'après tout, la majorité devait avoir raison, une grosse bite devait être un atout pour un homme… Dans mon intimité, je n'avais jamais rencontré de sexes surdimensionnés, mais toujours très honorables, et ma foi, puisque leur contact m'était agréable, ça devait être la « bonne taille ».

Pour autant, je n'en perdais pas mon esprit critique, et la vénération de la grosse bite véhiculée par la société me dérangeait. Lors de mes premiers pas sur internet, lorsque j'avais une vingtaine d'années (eh oui, à l'époque, avoir internet chez soi n'était pas si répandu que cela, et quand je l'obtins, je m'estimai particulièrement chanceuse), je recevais des publicités louches promettant aux hommes d'agrandir leurs pénis. La promesse « Enlarge your penis » s'accompagnait d'une bannière animée d'un goût douteux, figurant un homme à la verge s'allongeant comme le nez de Pinocchio. Depuis on ne m'en envoie plus ; il faut croire que les algorithmes ont assez évolué pour comprendre que je suis une femme – qui plus est une femme qui se fout de la taille des bites en général.

Mais à part la qualité des algorithmes, rien n'a changé depuis. Le culte du gros phallus a même empiré, avec la diffusion massive et gratuite de la pornographie et son accès en un ou deux clics. C'est généralement sur ces sites aujourd'hui que l'on tente de vendre aux hommes des solutions miracles : pilules, baumes, etc. pour agrandir leur pénis. Et si tout cela ne marche pas, au même titre que les pilules absorbeuses de graisses ou les crèmes anticellulite, il reste la chirurgie. Étonnamment, on connaît peu de gens qui y sont passés ou qui s'en vantent. Pourtant, chacun sait que ça existe.

La conclusion de tout ce battage est sans appel : avoir un petit sexe est une tare, un désavantage notoire auquel il faut remédier si l'on aspire à une sexualité épanouie, ou simplement à engager un rapport sexuel avec une femme.

En somme, la vision du pénis est binaire. D'un côté une forme de vénération pour les gros phallus, lesquels offriraient le seul gage de virilité et d'une sexualité épanouie, de l'autre les petites bites, taboues et pour cause : c'est un sujet de honte et de tracas constants pour celui qui en est affublé. À ceux qui ne sont pas dans la norme de se débrouiller avec leurs complexes… Et l'on se doute des dégâts : auto-exclusion sans appel de la sexualité pour certains, quand d'autres préféreront, à l'image de Napoléon, prouver leur virilité par les conquêtes (féminines, territoriales, professionnelles, etc.) afin de compenser les quelques centimètres manquants entre leurs jambes. Mais d'une façon ou d'une autre : avoir une petite bite aujourd'hui, qu'on en fasse un frein ou un moteur, reste un boulet au pied. Et, à en croire les principales intéressées, les femmes, un boulet au pied qu'il n'est pas justifié de traîner !

Voilà pourquoi j'ai décidé de redonner leurs lettres de noblesse aux petites bites, de redorer leur blason, car autant que les grosses elles ont voix au chapitre, et même beaucoup plus qu'on l'imagine.

UNE HISTOIRE DE TAILLE

Qu'on pardonne ma fâcheuse tendance à toujours observer la période contemporaine à travers le prisme de l'histoire. À l'instar de nombreux intellectuels dont je ne saurais revendiquer l'érudition, j'ai la certitude que nos modes de vie et de pensée sont le résultat de l'évolution et que rien ne peut être compris sans envisager les causes et origines.

Et même si mon petit traité parle de pénis, sujet qu'on pourrait juger trivial, je considère qu'il est essentiel de revenir aux origines de l'homme pour en comprendre l'évolution et la perception. Suivez-moi donc des millénaires en arrière et observons nos lointains ancêtres…

LE PÉNIS PRÉHISTORIQUE

Avant de parler de taille, parlons déjà aspect. À quoi ressemblait le pénis des premiers hommes ? Au risque de vous décevoir, nous n'avons pas d'images. On sait cependant que le pénis humain différait de celui de ses cousins primates sur un point des plus surprenants. Il avait perdu son os ! Mais oui, vous m'avez bien lue. Fait peu connu, tous les primates et mammifères sont doués d'un os pénien qu'on nomme *baculum*. Celui-ci est flottant, c'est-à-dire qu'il n'est pas attaché au reste du squelette. Et il ne parcourt pas la verge dans son ensemble mais « flotte » à son extrémité. Sa taille est très variable en fonction de l'espèce. Frôlant le mètre chez le morse, il se fait bien plus discret chez le gorille dont le pénis ne dépasse guère les 3 cm. L'os pénien est censé faciliter l'intromission de la verge et l'insémination de la femelle.

Chez l'homme préhistorique, le *baculum* a été remplacé par cette fameuse érection dont aucun autre animal n'est doué. Eh oui, messieurs, vous êtes les seuls de tout le monde animal à bander à tout bout de champ et pas seulement quand vous sentez l'*ostrus* (période de fécondité) chez la femelle.

C'est pour cette même raison que l'homme ne s'accouple pas dans le seul but de procréer… mais pour le plaisir – ou la satisfaction d'une pulsion, affirmeront d'autres, la notion de plaisir étant très relative en fonction des individus et des époques.

Mais ne nous égarons pas et continuons d'observer l'entrejambe de notre ancêtre des cavernes. Son pénis n'a plus d'os. Ni de poils, d'ailleurs. Il les a perdus en même temps que tous ceux qui tapissaient son corps. Fait notable et décisif dans l'évolution humaine : il s'est redressé. En passant de la marche à quatre pattes à la bipédie, les organes sexuels de la femelle ont dû se déplacer, modifiant l'angle du vagin et obligeant le pénis, comme le dit Rosalind Miles dans *The Women's History of the World* (1989, chez Paladin Grafton Books), à suivre le même principe que le cou de la girafe : « Il s'est allongé afin d'obtenir ce qu'il n'aurait pas pu atteindre autrement ». Il y aurait donc eu un allongement du pénis, qu'il faut toutefois mettre en perspective avec un allongement global et harmonieux de tous les membres. Pensez que Lucy mesurait 1m10, c'est dire si l'espèce humaine n'a cessé de grandir !

À présent que nous visualisons mieux le phallus préhistorique, allons en observer de plus tangibles. Sans surprise, les premières représentations que l'homme a laissées de son pénis se trouvent sur les peintures rupestres et remontent au paléolithique. Mais qu'on n'aille pas s'imaginer que dès qu'il a su marier formes et couleurs sur un support, l'homme préhistorique s'est mis à dessiner des bites partout comme un collégien débordé par ses hormones. Assez logiquement, il a plutôt commencé par représenter ce qui l'entourait et qui constituait son quotidien : les animaux. Plus de 90 % des représentations dans l'art préhistorique sont consacrées aux animaux. L'on trouve néanmoins ici et là, sous forme de peintures murales ou d'objets sculptés, des représentations humaines. Elles sont souvent traitées de façon sommaire, avec moins de soin et de souci de réalisme que les animaux.

À ce stade, il me semble essentiel de signaler une information d'importance : en termes de chronologie, la représentation des femmes précède celle des hommes puisqu'elle remonte au Gravettien tandis que les premières figures masculines datent du Magdalénien.

C'est donc à partir de -18 000 environ, au Magdalénien, qu'apparaissent les premières images d'hommes. Mais les représentations masculines restent peu nombreuses au paléolithique supérieur. Qu'en est-il du pénis ? C'est lui qui permet de distinguer les hommes des femmes, mais on le dessine moins souvent que les vulves. Il est souvent en érection (28 % des cas selon J-P Durhard dans *Réalisme de l'image masculine au paléolithique,* Jérôme Millon, 1996), mais jamais gigantesque. L'un des meilleurs exemples est celui de la scène du puits dans la grotte de Lascaux.

Sans doute frappé mortellement par le bison, le chasseur choit. Quand un homme est touché à la colonne vertébrale, l'érection est un phénomène réflexe. Ici, selon l'anthropologue Philippe Brenot, le peintre aurait juste reproduit une scène dont il aurait été témoin. Une chose est sûre : ce phallus, tout dressé soit-il, n'a rien de comparable aux monstrueux engins qu'on trouvera plus tard chez le dieu Priape ou autres satyres lors de la période gréco-romaine. C'est un pénis de taille modeste, dessiné d'un trait rapide, dont la longueur rappelle la moyenne actuelle.

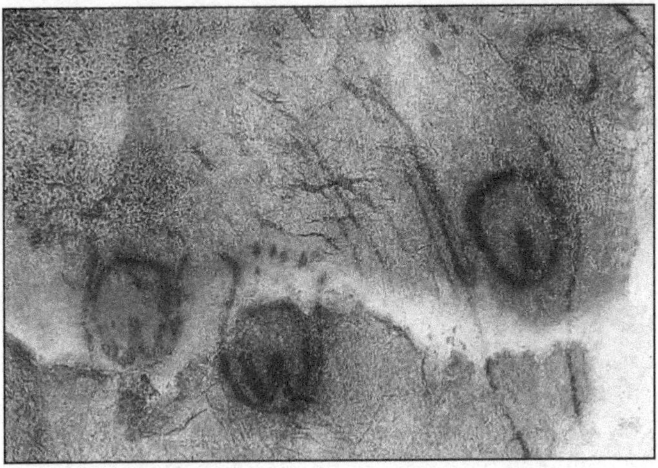

En revanche, quand on se penche sur la représentation des organes génitaux féminins, le phallus ne passe pas la comparaison. Outre une meilleure représentation des détails, les vulves sont beaucoup plus nombreuses, mieux dessinées, et sur certains sites, elles recouvrent des murs entiers.

Que conclure de cette timidité face au pénis ? Au début des temps, ce qui fascine les peuples préhistoriques, c'est la femme, son anatomie, sa fécondité. Ce qui la rend magique et digne d'être aussi souvent représentée, c'est la grossesse et l'enfantement. La première divinité sera donc une déesse-mère. Les petites sculptures qu'on nomme des Vénus, symboles de fertilité, abondent. Il faut dire qu'à l'époque, on n'a pas encore compris le rôle du père et de son sperme dans l'enfantement. La femme apparaît comme une magicienne.

L'homme et son pénis font piètre figure à côté de cela.

Essayons de nous projeter en ces temps reculés : pourquoi les hommes auraient-ils retiré le moindre bénéfice à mettre en avant la taille de leur sexe ? Pour prouver leur virilité ? S'attirer les faveurs des femmes ?

Mettons-nous à leur place : si vous êtes une femme chasseuse-cueilleuse, qu'attendez-vous de votre partenaire ? Qu'il participe à la vie de groupe et vous aide au quotidien. Qu'il puisse vous procurer de la nourriture au moment où vous n'êtes pas en mesure de le faire vous-même (alourdie par une grossesse, empêchée par un enfant en bas âge). L'entraide et le partage des tâches en fonction de l'habilité et de la résistance physique cimentaient la société. En somme, mieux valait un bon chasseur, prompt à débusquer le gibier, un vaillant homme capable de vous protéger des bêtes sauvages, habile à construire différents outils et vêtements, qu'un amant à grosse bite. D'une certaine manière, l'époque aidait les hommes à montrer quotidiennement leur « virilité » sans sortir leur service trois-pièces qui, m'est avis, n'aidait guère face à une attaque de lions.

Au Néolithique, l'installation des hommes en sociétés sédentaires complexes a été le terreau du patriarcat. Qui dit sédentarité dit propriété. Qui dit propriété dit héritage. Qui dit héritage dit filiation. Qui dit filiation dit nécessité pour les hommes de s'assurer que leur progéniture est bien la leur. Mais comment procéder, avec des femmes libres de leurs mouvements et dont il est si difficile de contrôler la fertilité ? Eh bien, en faisant en sorte qu'elles ne soient plus libres mais étroitement surveillées ! Voici en quelques phrases la triste histoire de la domination de l'homme sur la femme.

On rejoint ici le point central de ma théorie.

Dans les sociétés humaines, c'est sans aucun doute le patriarcat, imposant l'homme comme sujet dominant, qui donne naissance à l'adoration du pénis, et par extension au gros pénis. Avec le regroupement des hommes en sociétés urbaines complexes, la virilité, qui allait de soi à l'époque des chasseurs-cueilleurs, est devenue moins évidente, beaucoup plus floue. Elle nécessitait des supports d'expression. Comment par exemple, un scribe, un architecte égyptien montrait-il quotidiennement à sa femelle qu'il était viril et méritait respect, fidélité et obéissance puisqu'il n'était plus question de chasser ni de la protéger des attaques de bêtes sauvages ? Eh bien il fallait trouver d'autres supports. Le pénis en a fait partie.

À partir de ce moment, on va mettre davantage en valeur le phallus dans les différents supports de représentation.

L'EXEMPLE DE L'ÉGYPTE ANTIQUE

En Égypte, la femme était juridiquement l'égale de l'homme, mais sa liberté restait conditionnée. L'homme demeurait la pierre angulaire de la société : il était responsable du bien-être du foyer tandis que la femme était sujette à une stricte loi morale et souvent cantonnée à la maternité. Si l'on peut parler d'une certaine forme d'égalité devant la loi, cette société demeure à bien des égards patriarcale.

Or, il est curieux de constater que dans ce climat plus viriliste qu'à la Préhistoire, l'on représente beaucoup le pénis, notamment par le biais des divinités ithyphalliques. Le dieu de la fertilité et de la sexualité, Min (plus tard il fusionnera avec Osiris), arbore un sexe en érection plus ou moins gros selon les supports. Il n'est pas rare que son pénis soit énorme et surdimensionné, comme le montrent certaines statuettes.

LE CULTE DU PHALLUS

Ce qu'on appelle culte du phallus n'est pas à proprement parler une adoration de la bite, quoique la nuance puisse paraître mince aux yeux des contemporains : il s'agissait, pour les anciens, de représenter la force régénératrice sous la forme d'un objet, en l'occurrence un pénis.

Ce culte du phallus n'est peut-être pas originaire d'Égypte (d'après certains il trouverait ses sources en Inde, en Éthiopie ou encore en Phénicie), mais il s'y épanouit avant de s'étendre à tout le bassin méditerranéen.

De nombreux monuments témoignent de son existence, et leurs manières de représenter le phallus sont très variées. Dans le temple, il reçoit tous les honneurs. Il y siège et sort en triomphe lors de fêtes à la gloire du dieu soleil Osiris. Hérodote, qui aurait assisté à une de ces fêtes, rapporte :

« Les femmes portent, dans les bourgs et les villages, ces figures dont le membre viril n'est guère moins grand que le reste du corps, et qu'elles font remuer. Un joueur de flûte marche à la tête ; elles le suivent en chantant les louanges de Bacchus, etc. »

L'ANTIQUITÉ GRECQUE ET ROMAINE

Au cours de la période hellénistique, le sort des femmes est scellé. Mineures à vies, elles vivent sous la tutelle d'un père, d'un mari ou d'un frère.

À Rome, les phallus sont partout, notamment sous forme de graffitis sur des supports variés : murs des maisons, fontaines, sous-sols du Colisée, les colonnes du Forum romain... On a retrouvé aussi pléthore d'amulettes ithyphalliques. On en mettait même autour du cou des enfants pour leur porter chance !

Cependant, un élément détonne avec les autres représentations du phallus : leur statuaire. Si j'étais malhonnête, je tairais ce petit détail qui vient contredire ma thèse. Mais comment faire l'impasse sur ce que sans doute tout le monde a déjà remarqué sans trop oser s'interroger ?

Toutes ces statues d'hommes magnifiques, ces Apollon, Jupiter, Hermès aux proportions parfaites, aux épaules larges et aux muscles saillants, toutes ont des petites bites ! Or, elles représentent l'idéal masculin de l'époque. Pour expliquer ce qui semble aberrant aux contemporains, certains ont supposé que c'était pour ne pas faire peur aux enfants, pour mettre en valeur le reste du corps ou encore pour ne pas trop attirer le regard sur sa partie la plus sexuée. La vérité est autre : pour les Grecs et les Romains, l'homme parfait possédait un petit pénis. Pourquoi ? À cause d'un concept révolutionnaire : la philosophie, qui met en avant les qualités de raison et d'intelligence de l'être humain. Pour les antiques, la tempérance sexuelle était la panacée. Platon prône le triomphe de la raison sur l'animalité. À ce titre, ce sont les esclaves, les satyres, les vieux hommes laids, les barbares qu'on représentera avec de gros pénis, comme le montrent certaines statuettes de Priape ou de Pan.

Mais le citoyen modèle, maître de ses passions, se devait d'arborer un petit sexe.

LE HAUT ET BAS MOYEN ÂGE

Avec l'arrivée du Christianisme en Europe, le phallus perd ses lettres de noblesse, c'est le moins qu'on puisse dire. Vous l'aurez deviné : le Moyen Âge n'était pas vraiment la fête du slip. Partout où l'Église s'installe, elle détruit ou efface les traces des cultes païens, en particulier quand on y montre des corps nus, des pénis, des coïts, etc.

Étant donné l'état d'esprit pour le moins fermé de l'époque, on ne s'étonnera pas que la question du phallus soit très peu abordée dans la littérature et ailleurs. Il y eut bien quelques fabliaux, genre littéraire prisé aux XII et XIIIe siècles, qui traitaient sur un mode facétieux de sujets variés, dont la sexualité, et qui n'hésitaient pas à évoquer les vits et leurs formes variées :

« Vits il eut long
Et vits trapus,
Vits courts, vits grands
Vits arrondis
Épais, gros vits »
(« Les quatre souhaits de Saint-Martin »,
in Contes pour rire, XIIIe siècle)

Nos aïeux l'avaient déjà affirmé, certains sexologues le confirment : l'oisiveté est la mère du vice, ou du moins des questionnements sur la sexualité. Or l'oisiveté n'était pas franchement le maître mot des bâtisseurs de cathédrales. Le Moyen Âge ne connaissait pas toutes nos aides technologiques. Paysans, artisans et chevaliers devaient avoir assez peu de temps pour comparer la taille de leurs quéquettes aux vestiaires.

De plus, exhiber son pénis ou pire, vanter sa taille, ne correspondait pas à l'image de l'homme que prônait l'Église. Dans les sermons et les textes religieux, la sexualité était diabolisée (et pour cause, elle était à l'origine de la chute d'Adam et d'Ève), donc elle ne pouvait pas être l'apanage de l'homme. À l'époque, ce sont les femmes, ces démones, que l'on soupçonne d'avoir des besoins extravagants et une conduite outrageuse.

Il n'était donc pas valorisant pour un homme d'afficher une libido exacerbée.

C'est sur le champ de bataille, aux champs, dans son travail manuel, au sein de son foyer que l'homme exerce sa virilité, pas dans le lit.

LA RENAISSANCE

La Renaissance et ses courtisans oisifs voient arriver une mode inattendue et pourtant révolutionnaire : les grosses braguettes.

À cette époque, les hommes cessent de porter des robes et leurs vêtements raccourcissent. Ils portent le pourpoint (veste), les chausses (similaires aux bas) et le haut-de-chausse (sorte de short plus ou moins bouffant ou moulant selon la tendance du moment). Ainsi, ce qui était autrefois caché par le vêtement long devient visible : les jambes, le sexe et les fesses.

La braguette des cavaliers, au départ adoptée pour sa commodité, devient un vêtement de tous les jours. Le concept fait fureur, si bien que certains n'hésitent pas à rembourrer cette poche et à lui donner une forme dressée et courbée des plus suggestive. Et ne parlons pas des coquets qui iront jusqu'à la décorer de rubans, broderies, joyaux.

Rappelons que c'était surtout un phénomène de cour, autrement dit l'habillement d'hommes qui passaient leurs journées à flâner, cancaner et conter fleurette... De là à considérer que leur oisiveté rendait nécessaire cet ostentatoire autant qu'hypocrite étalage de virilité...

Comment expliquer cette soudaine explosion de la braguette ?

La religion, les mœurs, la relation entre genres influencent la mise en avant du membre viril. À la Renaissance, la braguette devient l'emblème de la sexualité triomphante. Elle évoque la puissance, la vitalité et affirme que celui qui la porte possède les attributs permettant de s'adonner à une sexualité active et dominante. En cela, cette méthode de séduction entre en totale dissonance avec l'idéal médiéval de l'amour courtois où le chevalier rend ses hommages à sa dame et entretient pour elle un amour platonique.

LES XVIe ET XVIIe SIÈCLES

De l'apparition de la pornographie et du triomphe de la grosse bite.

Au XVIIe siècle, les fameuses braguettes protubérantes disparaissent petit à petit de la garde-robe masculine, marquant un retour à une sobriété aussi vestimentaire que morale. Toutefois, le début du XVIIe siècle voit se répandre une littérature à la veine gaillarde. Les pièces érotiques qui circulent clandestinement sont nombreuses. Elles sont attribuées à François Maynard, Théophile de Viau, Charles de Cigogne et à tant d'autres qui écrivent au mépris du danger, car un embastillement pour ce type d'outrage est vite arrivé.

Ce sont pour ainsi dire les débuts de la pornographie. Or cette dernière scelle le sort du phallus : il sera énorme ou méprisé.

À l'époque, la bonne mesure, celle qui satisfait ces dames, est celle du « vit d'az » autrement dit d'un pénis d'âne…

François Maynard vante les prouesses sexuelles du surmâle, notamment en ces termes : « Ô prodige, lorsqu'il bande, il peut se moucher de son vit. »

À en croire cette littérature, il ne fait aucun doute que ces phallus aux généreuses proportions font le bonheur des filles. À l'inverse on se gausse (déjà) du petit pénis, comme ici dans cette stance de Charles de Cigogne, en 1615 :

« Ces petits vits, desquels l'enflure
À peine garnit l'ouverture
Des cons, voire les plus petits,
Sont haïs de nous autres filles,
Et les estimons inhabiles
À chatouiller nos appétits. »

À partir de ce moment, le ver est définitivement dans le fruit et n'en bougera plus.

LE XVIIIe LIBERTIN

La liberté de pensée et de mœurs va trouver son siècle avec la philosophie des Lumières, terreau favorable à l'éclosion du libertinage. Voici la définition complète qu'en donne *L'Encyclopédie* de Diderot et d'Alembert : « C'est l'habitude de céder à l'instinct qui nous porte aux plaisirs des sens, il ne respecte pas les mœurs, mais il ne s'affecte pas de les braver, il est sans délicatesse ». S'il s'agit d'un divertissement auxquels certains courtisans s'adonnent effectivement, le libertinage s'exprime surtout en littérature. Dans ces romans écrits exclusivement par des hommes du nom de Nerciat, Crébillon, Diderot, Laclos ou encore Sade, les héros libertins manipulent les autres en les séduisant, en les trompant et en les soumettant à leurs seuls désirs. Parmi les plus emblématiques personnages : Don Juan, Casanova, Valmont ou encore Dolmancé, personnage qui joue le rôle de l'initiateur dans *La Philosophie dans le boudoir* (1795) de Donatien Alphonse François de Sade et dont je cite ce passage :

« J'ai vu des filles plus jeunes que vous, soutenir de plus gros vits encore. Avec du courage et de la patience on surmonte les plus grands obstacles [...] Je suis d'avis qu'une vierge doit se livrer aux plus gros engins qu'elle pourra rencontrer [...] il est vrai qu'une fois à ce régime, elle aura bien de la peine à en revenir au médiocre, mais si elle est riche, jeune, et belle, elle en trouvera de cette taille tant qu'elle voudra. »

Quant à la taille du phallus, le roman libertin s'inscrit dans la pure lignée de la littérature grivoise du XVIIe siècle. Aucune place n'est laissée au « médiocre ». Chez tous les auteurs du genre, les appellations, adjectifs et métaphores pour qualifier le membre masculin sont claires : on exhibe tour à tour un « manche provoquant », un « arbre se redressant », un « maître-outil », un « gros boudin », un « braquemart terrible », une « flèche redoutable », etc. Et l'on ne compte pas les passages de l'œuvre de Sade qui vantent la longueur et la largeur des vits ou godemichés qui se pressent à l'orée de tous les orifices.

Remarquons qu'ici il n'est évidemment plus question de plaisir... Dans le passage de *La Philosophie dans le boudoir* cité quelques lignes plus haut, Dolmancé parle de dépasser de « grands obstacles ». Ces obstacles, ce sont les déchirements de la pénétration, omniprésents dans le rapport sexuel libertin. Qu'on ne se méprenne pas : douleur et coït ne sont pas des thèmes propres à Sade. Dans toute la littérature libertine, le discours des femmes lors du rapport sexuel rappelle celui de l'agonie. Elles s'écrient des : « ah quelle douleur ! », des « je meurs », « je ne peux plus » et supplient de mettre fin à leur martyr. Chez Andréa de Nerciat, la vierge tout juste pénétrée questionne ainsi d'Aiglemont : « ah cher bourreau [...], c'est donc à faire ce mal affreux que tendent les aveux d'un amant ? »

Le gros pénis va désormais avec le concept de femme-objet, de réceptacle qui subit dans la douleur l'envahissement du masculin. Or plus le phallus sera gros, plus l'envahissement sera effectif.

LE XIXe SIÈCLE

La fin des Temps modernes marque un nouveau tournant moral. Le Code Napoléon restreint encore la liberté des femmes qui ne trouvent de salut que dans le mariage ou dans les ordres. Au sein de la bourgeoisie rigoriste, classe emblématique de ce siècle en pleine industrialisation, les hommes, confrontés à des femmes le plus souvent éduquées au couvent, se réfugient au bordel pour satisfaire leurs fantasmes ou, pour les plus riches, se paient le luxe d'entretenir une demi-mondaine. C'est l'époque par excellence de la mère et de la putain.

La taille du pénis est globalement beaucoup moins abordée, peut-être car le plaisir féminin, ou tout simplement l'avis féminin, devient totalement accessoire dans la sexualité de bordel pratiquée à l'époque.

Mais ne noircissons pas outrageusement le tableau ! Parallèlement à cela, une littérature érotique, bien sûr clandestine et vendue sous le manteau, continue d'exister et de circuler. Parfois ce sont les plus grands écrivains qui s'y adonnent (Musset fit ainsi paraître *Gamiani ou Deux Nuits d'excès* en 1833), et qui pour l'occasion utilisent l'anonymat ou des pseudonymes. Dans ces textes, si l'on dégaine toujours des « engins », des « gourdins » ou des « matraques », force est de constater que le schéma est nettement moins violent que celui de la sexualité libertine. On trouve même beaucoup de scènes qui mettent en valeur le clitoris et le plaisir qu'il procure aux femmes lorsqu'il est habilement stimulé. Quand on ne l'appelle pas par son nom, on dira « petit appendice », « petit bouton », « languette ».

Et si le clitoris était la petite bite de la femme ? Les auteurs n'iront pas jusqu'à l'énoncer aussi clairement… mais il y a un peu de cela. L'homme a une grosse verge, la dame une toute petite. Notons que chez les femmes de l'époque, l'on appréciait plutôt ce qui est « petit/mignon/étroit »… fragile, en somme. À l'inverse, chez l'homme, la haute taille était valorisée et accentuée par des vêtements aux lignes verticales, ainsi que par l'usage du chapeau haut-de-forme. Encore une fois, cet antagonisme sert à la mise en valeur de l'homme et de ses généreuses proportions. Le petit féminin est le faire-valoir du grand masculin.

ENTRE TRAUMATISME GUERRIER ET RÉAFFIRMATION DE LA VIRILITÉ

Peu d'époques furent autant marquées par la guerre et ses pertes humaines massives que le XXe siècle.

J'ai déjà montré combien le culte du phallus était lié au besoin des hommes d'affirmer leur prééminence en dehors des activités considérées comme viriles. L'activité virile par excellence est indubitablement la guerre. Partir au front lors des deux guerres mondiales était un acte patriotique qui réaffirmait la force, la puissance et le courage masculins. Une des caractéristiques de ces deux guerres est d'avoir été particulièrement humiliantes, autant pour les perdants que pour les gagnants, du moins pour les acteurs européens.

Dressons ainsi le tableau : à l'issue de la seconde guerre mondiale, la société est traumatisée. Parallèlement à cela, les femmes revendiquent des libertés qu'il devient difficile de leur refuser tant elles ont participé aux efforts de guerre. La réaction masculine se fera ressentir dans la société comme dans l'intimité : les Trente Glorieuses voient s'installer l'idéal de la femme au foyer *vs* l'homme actif. Le masculin a besoin de se réapproprier un terrain, ce sera celui du travail, des avancées technologiques et de l'argent. Lorsque j'écris cela, je réalise que ma grand-mère pousserait les hauts cris : elle qui affirmait avoir travaillé de ses 15 à ses 75 ans n'acceptait pas que l'on dise qu'elle était d'une génération de femmes qui restaient à la maison. Issue d'un milieu pauvre, elle m'expliquait que la vie de mère au foyer était réservée aux plus riches, les femmes des milieux populaires n'avaient pas d'autre choix que de travailler pour garantir au ménage des moyens décents. Il n'en restait pas moins qu'en tant que fille, elle donnait son salaire à ses parents et, devenue épouse, à son mari puisqu'elle ne possédait pas de compte en banque à son nom. De plus, toutes les tâches ménagères lui incombaient, et non au mari.

Je me suis souvent amusée de la terrible manie de ma grand-mère de raconter sa nuit de noces à qui voulait l'entendre. Tout en étant une femme marquée par la morale de son temps, c'est-à-dire qu'elle se vantait d'avoir été une « vraie jeune fille » au mariage (comprendre : vierge) et de n'avoir connu qu'un seul homme dans sa vie, ma grand-mère, indécrottable, ne s'encombrait pas de pudeur. Ce mélange offrait des conversations déroutantes et souvent embarrassantes. Aujourd'hui je rends hommage à ses bavardages qui m'ont permis de me glisser dans le lit d'un couple banal des années 1950. Ce n'est pas sans effroi par exemple, que j'ai appris de mamie combien elle trouvait le pénis des acteurs des films pornos des années 1980 et 1990 petit par rapport à celui de mon grand-père… Je n'ose imaginer les proportions du sexe de mon aïeul, mais je comprends parfaitement la non-consommation du mariage lors de cette fameuse nuit de noces. Ma grand-mère m'a souvent expliqué être restée « serrée », impénétrable, plusieurs semaines après leur mariage. Elle était trop étroite et trop angoissée (aujourd'hui on parlerait de vaginisme, terme méconnu à l'époque), tandis que lui était… bref, on visualise l'engin. Cette expérience, on s'en doute, a considérablement marqué ma grand-mère, qui n'hésitait pas à nous dire combien l'amour physique lui était apparu tout à coup bestial, animal, dégoûtant par rapport aux romantiques baisers échangés pendant la longue période de « flirt » qui avait précédé le mariage. Imaginez que mon grand-père était un homme d'une grande gentillesse, incapable de violence à l'égard de quiconque… Et pourtant, même lui se faisait un devoir de consommer le mariage. C'est ainsi que chaque nuit, ils s'acharnèrent, d'un commun accord bien sûr, mais non sans une terrible mise à l'épreuve pour ma grand-mère, à faire entrer le braquemart de papy dans le vagin terrifié de mamie. Je devrais applaudir cet exploit, puisque sans celui-ci je n'existerais pas. Cependant, il me semble en garder un traumatisme par capillarité, notamment, à travers cette image, parlante et affreuse : le pot de vaseline qu'ils avaient acheté pour faciliter la pénétration gardait l'empreinte du pénis de mon grand-père, à force qu'il l'y ait trempé et retrempé. Un psychogénéalogiste me dirait que mon sujet d'aujourd'hui est directement induit par ce traumatisme premier. Au départ fut la grosse bite, la plus grosse de toutes, la peur, la douleur et l'effroi d'une femme. Et c'est à cela que je dois la vie.

Assez jeune, j'ai donc entendu combien la première pénétration du membre masculin pouvait s'avérer difficile, douloureuse, quasiment inconcevable… Néanmoins, bon gré mal gré, on faisait tout rentrer, car les choses étaient ainsi faites. L'homme complète la femme, son pénis remplit le trou prévu à cet effet par dame Nature et qu'importe si le trou est serré et le pénis gigantesque. Qu'importe qu'il y ait violence, la femme recevra l'homme. Elle laissera « l'engin », « le mandrin », « la trique » la « perforer », la « défoncer » ou encore « l'exploser », comme je pouvais le lire ou l'entendre autour de moi, notamment par le biais de la pornographie à laquelle j'ai été confrontée relativement jeune. Et bien que mon cas ne soit nullement comparable à ce que les jeunes gens peuvent voir et entendre actuellement sur internet, il me paraît important de m'attarder un peu sur le lien évident entre la pornographie et la valorisation à l'extrême de la grosse bite.

LA PORNOGRAPHIE, OU LE TRIOMPHE DE LA GROSSE BITE

J'enfonce une porte ouverte en affirmant que dans le porno règne sans partage la grosse, voire l'énorme, voire la gigantesque bite. On sait bien que le porno n'est pas la vie. Il n'en reste pas moins un véhicule de fantasmes qui orientent considérablement la sexualité des individus qui y sont confrontés.

Quand l'industrie du porno produit ses premiers films, dans les années 1970, les pénis sont généralement de taille généreuse. Ça reste une norme pendant une vingtaine d'années. Questionnés à ce sujet, les réalisateurs expliquent que ça passe mieux à la caméra, qu'on « voit mieux », ce qui ne paraît pas insensé au premier abord. Je ne pense pas me tromper en avançant qu'un cap a été franchi dans la vénération de la grosse bite avec l'arrivée sur les plateaux de tournage du fameux Rocco Siffredi. Ce n'est peut-être pas le mieux membré de tous ceux qui ont été filmés jusqu'alors, mais sa particularité, très liée à son égocentrisme, consiste à mettre en avant cet atout plus qu'aucun autre acteur avant lui. Outre sa fâcheuse tendance à vanter ses mensurations dans tous les médias avant même qu'on le lui demande, l'acteur comprend très vite comment rendre son sexe plus énorme encore à l'écran. Il apprend à diriger les plans, les prises de vues pour que systématiquement ce qui n'est finalement qu'un pénis semble, face caméra, aussi monumental que l'obélisque de la Concorde.

Depuis que le maître-étalon s'est imposé, il n'a plus été question de faire machine arrière, bien au contraire. Tout comme il existe une surenchère dans les pratiques, la violence, etc., on en observe une dans la taille des pénis montrés à l'écran, si bien que l'exception Rocco devient quasiment la norme. Aux actrices de se débrouiller avec ces mandrins ingérables. En *off*, elles sont nombreuses à s'en plaindre, mais peu l'affirmeront devant leur public car il est important de garder l'image de la bonne salope, dont nul gourdin ne peut totalement combler l'appétit. L'actrice Liza Del Sierra déclare néanmoins dans *Le Rôle fondamental du plombier dans le porno* (Anne Carrière, 2020), en réponse à une question de Michael Petkov-Kleiner, que sa réputation d'*anal queen* n'était en rien un choix de carrière réfléchi en amont. Si elle avait fini par n'accepter que des scènes anales, c'était pour épargner son vagin qui ne pouvait plus supporter le rythme effréné des tournages, surtout à une époque où la mode sur les plateaux était aux très gros braquemarts.

Et puisqu'un mal ne vient jamais seul, avec les sites pornos, tout le vocabulaire de la violence occasionnée par ces calibres est ressorti, la poésie libertine en moins. Citons quelques titres comme exemples : « une monstrueuse bite détruit sa chatte » « sa grosse bite est une arme », « jeune perverse se fait défoncer les trous et percé [*sic*] par une énorme queue »… inutile d'en ajouter… Ce n'est pas le choix qui manque, mais comme vous l'aurez deviné, c'est assez répétitif.

On reste toujours dans le lexique de la violence, qui va rarement chercher plus loin que « détruire » ou « défoncer ». N'allons pas demander aux fournisseurs de contenus pornographiques d'acheter un dictionnaire des synonymes.

Pour rester dans la douceur, je fus ravie, à l'occasion de ma petite enquête sur les joyeuses plateformes pornographiques, de découvrir une entrée *painal*, abréviation de *pain + anal*, généralement associée à BWC (*big white cock*), BBC (*big black cock*) et bien sûr à *tiny hole* (petit trou… eh oui, plus c'est petit, plus les dégâts sont importants, hein ? délicieuse et imparable logique…) C'est tellement plus excitant quand on peut voir et entendre que la dame a mal… Plus de doute possible : sur ces plateformes, les grosses bites distribuent de la douleur, pas du plaisir. Sympa, les filles ? Le moins qu'on puisse dire, c'est que ça donne vraiment envie d'être initiée à la sexualité par un hardeur au pénis de 25 cm.

Petite anecdote au passage : je me souviens d'une interview que Rocco Siffredi a donnée il y a fort longtemps, puisqu'il n'était pas encore marié et sortait d'une relation d'une année avec la même femme. Parlant d'elle et de son intimité (tant qu'à faire, autant pousser la galanterie jusqu'au bout) il a eu recours à cette image qui m'a suffisamment marquée pour que je m'en souvienne mot pour mot : « Avant moi, son sexe était comme un bouton de rose, au bout d'un an, il était éclaté. » Qu'il ait eu tort ou raison, que ce soit encore une de ses facéties pour mettre en avant ses centimètres surnuméraires de corps spongieux ou la triste vérité, on est en droit de se demander jusqu'à quel point il a été capable d'aller, dans les mots comme dans les actes, pour persuader le monde que sa bite était un outil de destruction du corps féminin.

Mais revenons à nos moutons, ou plutôt à nos petites bites. J'ai tapé ce mot-clé, et croyez-moi, je n'ai pas été déçue. On trouve beaucoup de vidéos, vraiment beaucoup sauf… qu'elles ne les montrent jamais à leur avantage. Les images les plus fréquentes et apparemment les plus courues présentent des hommes à petit pénis qui sont la risée d'une ou de plusieurs femmes. Outre les rires qui fusent pendant toute la scène, nos divas ne tarissent pas d'insultes et d'humiliations… et n'oublions pas les petites touches d'humour : « Mais où est-elle ? Elle se cache ? On dirait une tête de tortue qui se rétracte dans sa coquille », « Ben dis donc, je vais avoir besoin d'une loupe pour la trouver ! » Alors me direz-vous : comment cela se termine-t-il ? On est tout de même dans un porno, à un moment ou à un autre, même la petite bite trouvera quelques orifices à pénétrer. Eh bien non, c'est sans compter la ségrégation totale que subissent les petites bites, qui n'ont droit ni à être sucées ni à pénétrer. Les actrices ne manquent pas de préciser que, ça, c'est pour les « vrais hommes », ceux qui ont ce qu'il faut dans la braguette, tandis que les petites bites sont des « sissy », des « tarlouzes », des « fillettes ». Alors, bon an mal an, elles accordent une petite branlette à deux doigts.

Les petites bites apparaissent aussi dans les vidéos de *cuckholding*. Il s'agit de scènes où un mari assiste aux ébats de sa femme avec un autre. Souvent l'adultère est assorti d'une humiliation du mari à « petit pénis », qui doit supporter de voir sa femme prise par un homme mieux membré ne manquant pas de le tourner en ridicule.

Je me trouve face à un dilemme de taille. Dans ce chapitre, j'ai tenté de montrer que plus une société opprimait les femmes et posait l'homme comme entité dominante, plus le gros phallus était mis en avant. La pornographie représente en quelque sorte l'apogée du culte phallique et, lorsqu'on regarde autour de nous, on aperçoit ce culte partout, pas seulement en vidéo.

Les réseaux sociaux donnent la possibilité aux détenteurs de grosses bites d'exprimer à qui mieux mieux leur délire dominant à travers l'envoi très répandu de *dick picks*. Les dragueurs en ligne ne semblent nourrir aucun doute quant au bien-fondé de leur démarche lorsqu'ils envoient une photo de leur sexe à une proie femelle. Puisqu'ils possèdent cet atout, les femmes devraient logiquement leur céder. Et si ce n'est pas le cas, au moins peuvent-ils fantasmer à l'idée que la destinataire ait eu la bave aux lèvres en contemplant leur membre aux généreuses proportions. En somme, il ne vient à l'idée d'aucun de ces braves messieurs que la vue d'un gros sexe en érection, au-delà du caractère intrusif et violent du procédé, puisse laisser quelqu'un de marbre.

Pour l'écriture de ce livre, j'ai poussé la curiosité jusqu'à m'inscrire sur un site de rencontres orienté « sexe »… et je n'ai pas été déçue du voyage. Tout d'abord, je n'ai pas compté les fiches qui annonçaient d'emblée la couleur avec un choix de pseudo explicite du style : tbm75, grossequeuedunord, bigcockpour-dames, jolimembre, etc. On aura compris le message : quand on a la chance de faire partie du sérail des grosses bites, on ne se gêne pas pour mettre ses atouts en avant. Au moment de créer mon compte de « Femme cherchant partenaire de jeux », j'ai choisi de rédiger un texte succinct, peu aguicheur et pourtant… pas moins d'un homme sur trois m'abordait avec une photo de son sexe (toujours gros et en érection). Quand je disais ne pas y être sensible, ils s'en étonnaient. Quand je demandais pourquoi ils l'envisageaient comme un atout, les réponses étaient identiques : « Elle fait beaucoup de bien, les femmes en sont très contentes, je n'ai toujours eu que des compliments. » Le plus pathétique, c'est qu'en dehors de ces quelques lieux communs, ces hommes-là n'avaient rien à dire d'autre sur leur sexualité. J'ai essayé de les faire parler, demandant : « À part ça, quels sont vos atouts sexuels ? Comment comptez-vous me faire jouir ? Pourquoi pensez-vous que je serais folle de vous ? » Mais on tournait en rond, revenant toujours sur la question de leur phallus et de ses avantages… celui-ci n'était pas simplement grand et large, mais aussi dur et endurant. Leurs bavardages étaient d'une pauvreté sans pareille. Ceux qui avaient un discours plus construit, plus excitant, qui envisageaient la sexualité de manière un peu moins phallocentrée ne m'abordaient jamais avec une photo de leur gros sexe. Je n'irais pas jusqu'à dire que ceux-là possédaient de plus petits atouts, puisque je ne les ai pas vus. En tout cas, ils ne s'en vantaient pas et ne misaient pas sur cela pour draguer. Ils jouaient davantage sur le registre de la sensualité, tentaient de me séduire avec les mots, la description de leurs fantasmes et/ou de situations croustillantes, etc. Donc tenez-le-vous pour dit : les grosses bites n'ont aucune conversation. Les mauvaises langues argueront que je tire des conclusions hâtives, à partir de quelques heures de discussion, peut-être bien… Mais je compte sur la clémence du lecteur : l'expérience était trop ennuyeuse et répétitive pour m'inciter à la prolonger.

Sans surprise, lorsqu'il m'est arrivé de hausser le ton avec des propriétaires de grosses bites devenant trop pressants et que je me permettais d'éconduire, les insultes ne tardaient pas (« connasse frigide », « fantasmeuse »), ni les menaces de viol à base de « je te défonce avec ma grosse bite ». Étrange comme dans une même bouche la bite pourvoyeuse de « plaisir pour ces dames » devient vite vectrice de douleur et d'humiliation…

Petite question : pourquoi faut-il, quand on menace une femme ou un homme de viol, que la queue qui l'impose soit particulièrement « grosse » ? Est-ce à dire qu'il ne s'agirait pas d'un vrai viol si elle était petite, que l'impact physique et psychologique ne serait pas satisfaisant ?

Je dois avouer que moi-même, il m'est arrivé de céder à cette facilité… Lors d'un accrochage mémorable avec un chauffeur Kapten qui sans raison m'avait traitée de salope avant de menacer de me « retourner et de m'enculer avec sa grosse bite » (eh oui, toujours, la fameuse !), je lui ai répondu : « Mais pauvre connard, c'est moi qui t'encule ». Ce dernier a eu un moment de réflexion avant de m'interroger, visiblement avide de précisions : « Ah bon, et avec quoi ? », je l'ai renseigné sans ambages « Mais tu crois quoi ? Que j'ai besoin d'avoir une nouille comme toi entre les jambes ? Je prends un gros gode et je t'encule. J'en ai fait couiner plus d'un comme ça. » En une fraction de seconde, le bonhomme cramponné à son volant est passé du mode colère au mode interrogatif avant de conclure : « Ah ouais, t'es du tapin ». Je n'étais donc plus seulement une salope bonne à enculer, mais une péripatéticienne qui sodomisait des hommes contre de l'argent – car c'est bien connu : quelle autre femme qu'une professionnelle s'adonnerait à cette pratique contre-nature ? Que rétorquer à cela, sinon : « Espèce de sous-merde, sors-toi un peu la bite du cerveau, ça te fera pas de mal. » Goûtant peu mes insultes répétées, le gars a décidé de sortir de sa voiture et venir se poster devant moi, menaçant d'en venir aux mains. Mais c'était mal connaître ma nature combative (ou mon inconscience), car je n'ai fait ni une ni deux et me suis saisie des deux poêles à frire (une dans chaque main) que je venais d'acheter en promotion chez Auchan pour l'avertir en ces termes : « Avance encore et je te fracasse la gueule, ensuite je m'attaque à ta bagnole ! ». Le mec, au summum de sa beauferie, n'a réagi qu'à la seconde menace, bien plus dangereuse pour sa virilité : « Si tu touches à ma bagnole j't'éclate. » Je passe sur le dénouement de l'altercation, sur le soudain regain d'animosité de l'agresseur quand deux passants sont venus s'interposer, donc « des bonshommes », afin de modérer ses ardeurs. Un combat de couilles : là, il était plus à son aise. Vraisemblablement, il n'avait pas l'habitude qu'une femme lui tienne tête et encore moins qu'elle lui retourne l'insulte si commune dans la bouche des connards « j't'encule avec ma grosse bite ». Voici comment, je l'avoue non sans honte, j'ai moi-même cédé à ce bas expédient : la menace de la grosse bite. C'est dire combien nous sommes conditionnés.

Cette parenthèse fermée, je ne peux m'empêcher de m'interroger. À en croire les historiens du XXIe siècle, celui-ci a permis l'émancipation féminine en Occident, et cette émancipation serait notamment passée par une libération sexuelle. Alors pourquoi ces avancées féministes ne nous préservent pas de l'hégémonie, pour ne pas dire de l'agression permanente du gros phallus ?

Faut-il y voir une espèce de radicalisation émanant de quelques machos sentant leur suprématie vaciller ? En tout cas, j'ai l'impression qu'il y aurait matière à faire sortir Simone de Beauvoir et ses consœurs de leur tombe.

Je sais que la veine féministe actuelle aime affirmer que nous vivons dans une société affreusement patriarcale, où le féminin est opprimé, mais il convient, je trouve, de ne pas noircir éhontément le tableau.

Née à la fin des années 1970, je me dois d'affirmer que je suis plus émancipée du joug masculin que ne l'était ma grand-mère. Je jouis de libertés, notamment en termes de sexualité, que cette dernière n'avait pas. Je peux m'accoupler joyeusement sans me préoccuper des risques de grossesses. Obtenir une contraception est simple et ne fait en principe l'objet d'aucun opprobre. Céder à mes pulsions d'un soir n'implique aucune retombée : sauf exception je ne serai pas jugée par tout le quartier, et si je le suis, je peux m'en foutre royalement sans que cela affecte mon quotidien. Je peux même tomber enceinte hors du cadre du mariage, élever un enfant « toute seule » sans devenir la honte de ma famille et rester vieille fille *ad vitam aeternam*. Je peux également choisir de me marier ou pas, divorcer et retrouver un partenaire ensuite.

Bref, vous m'avez comprise : les mentalités ont considérablement évolué, en un laps de temps très court, et les femmes ont indubitablement gagné du terrain sur quasiment tous les fronts.

Pourtant, en matière de sexualité, si j'ai plus de choix quant à mes partenaires, l'âge, le moment et la fréquence à laquelle je désire m'y frotter, il me faudra néanmoins, si je veux satisfaire la majorité, céder à une danse séculaire qui n'est pas forcément celle qui m'apportera la plus grande jouissance. Si l'on en juge par ses représentations, le rapport sexuel d'un couple hétéro se résumerait toujours à faire grossir et durcir le pénis, à l'honorer en le léchant et en l'acceptant dans ses orifices, avant d'assister à sa sublime jouissance…

Suivant ce schéma, je devrais donc, pas forcément de mauvais gré, car tout m'aura incitée à fantasmer cela depuis la naissance, céder à la pénétration jusqu'à ce que monsieur éjacule et s'effondre à mes côtés.

J'ose alors poser cette question : peut-on vraiment parler d'émancipation sexuelle des femmes quand toutes les représentations de la libido hétérosexuelle tournent autour du soin apporté à un gigantesque phallus ? Ne serait-ce pas là que le bât blesse ? Ne serait-il pas temps de remettre les pendules à l'heure afin de rétablir la parité ?

PASSONS À LA THÉORIE

Qu'est-ce qu'un petit pénis ? Quelles sont les incidences médicales, psychologiques et sexuelles pour les hommes dotés d'un petit pénis ?

QUE NOUS DIT LA SCIENCE ?

Une petite bite, en vrai, c'est quoi ?

En France, d'après des travaux menés par l'Académie nationale de chirurgie en 2011, la taille normale du pénis se situerait entre 12,8 et 14,5 cm en érection. On utilise le terme « micropénis » pour qualifier une verge dont la taille est inférieure à la normale. D'après les données internationales, on parle de micropénis en dessous de 7 cm en érection. En revanche, il est assez difficile d'estimer la proportion de population masculine touchée, dans la mesure où les hommes ne consultent pas tous un sexologue et que beaucoup vivent cette situation sans se faire connaître. L'andrologue Pierre Desvaux m'a dit en entretien avoir rencontré très peu de cas de micropénis avérés. Les professionnels rençoivent moins rarement des hommes dont le sexe se trouve dans la zone basse, entre 7 et 13 cm. Mais ceux-là masquent difficilement la stupéfiante réalité : la catégorie la plus représentée parmi les patients qui se plaignent de la taille de leur sexe sont ceux dotés d'un pénis parfaitement dans la norme ! Oui, vous avez bien lu : presque tous les hommes qui se plaignent de la taille de leur pénis, au point parfois d'envisager la chirurgie, sont dotés d'un sexe de taille normale. Or, ils croient dur comme fer que la taille de leur sexe constitue un motif réel de consultation. Voilà qui en dit long sur l'injonction à la performance sexuelle de nos jours.

Les sexologues remarquent aussi que ces plaintes et questionnements sont encore plus nombreux chez les jeunes. Un phénomène qu'ils corrèlent avec la consommation accrue de pornographie au sein de cette population, laquelle tient trop souvent lieu d'éducation sexuelle. Par conséquent, les jeunes garçons s'inquiètent très tôt des dimensions de leur pénis lorsqu'ils le comparent à ceux qu'ils voient en action sur les écrans. Il m'a été rapporté que ces adolescents approchent les professionnels avec des données précises quant à la longueur et la circonférence de leur sexe, qu'ils ont comparées à des soi-disant statistiques. C'est alors aux professionnels d'effectuer un véritable travail pédagogique en expliquant à ces patients que leur sexe est normal et que les acteurs de films X sont sélectionnés en fonction de ce critère, au même titre qu'un mannequin de podium est choisi pour sa ligne filiforme et sa taille 34. Or rencontrent-ils souvent des femmes de ce gabarit dans la rue ? Non, eh bien il en est de même pour les pénis surdimensionnés… Sur une plateforme pornographique on les croirait majoritaires, mais si vous baissez le pantalon des passants dans la rue, la réalité sera tout autre. Ils sont rares et ne sont ni la norme, ni le Graal pour donner du plaisir lors de la pénétration. Au cinéma, les actrices surjouent le plaisir. Non seulement le long pénis n'est pas la clé du plaisir féminin, mais il serait même un repoussoir pour beaucoup. Le docteur Pierre Desvaux m'a confirmé ce que de nombreuses femmes m'ont rapporté en privé : passé un certain nombre de centimètres, la pénétration devient désagréable, voire douloureuse. Il situe ce qu'il appelle le « nombre d'or » à 16 cm. Au-dessus, point de salut.

PEUT-ON EXPLIQUER SCIENTIFIQUEMENT LA PETITE TAILLE D'UN PÉNIS ?

Les praticiens ont noté un facteur héréditaire chez les hommes qui ont un petit pénis (attention, nous parlons ici de pénis modeste, pas des micropénis dont il sera question dans les prochains paragraphes). Des sexologues m'ont expliqué que souvent, quand un homme se plaint d'avoir un sexe de taille modeste, le père ou le frère sont dans le même cas. Mais c'est davantage le résultat d'observations que d'expériences médicales avérées.

Autres causes d'un pénis modeste ?

Une malformation du canal urinaire nommée « hypospadias » peut affecter la taille de la verge dans ses manifestations les plus sévères. Cette anomalie est généralement observée à la naissance, du moins si elle est flagrante. S'il est bien pris en charge, l'enfant est opéré à un très jeune âge (entre 1 et 3 ans, le plus souvent) afin de pallier les inconvénients qui pourraient survenir dans sa vie d'adulte, tels que des problèmes d'ordre esthétique ou fonctionnel (la miction se fera « vers l'intérieur »). Dans ce cas, la chirurgie donne de très bons résultats.

Le micropénis peut aussi être le résultat d'une anomalie hormonale, qui aura un impact sur le développement de la verge. Un traitement peut être envisagé, mais il ne s'avère efficace que s'il est suivi au moment de la puberté au plus tard. Or, il n'y a pas de courbe de croissance du pénis dans les carnets de santé délivrés aux enfants, ce que certains médecins déplorent. Un tel visuel devrait faire partie intégrante de la surveillance médicale des garçons. Une fois la taille définitive du pénis atteinte, c'est-à-dire vers 17 ou 18 ans, il n'est plus possible d'y remédier, à moins d'avoir recours à la chirurgie, ce qui est un point débattable. Dans la majeure partie des cas, quand les parents conduisent leur adolescent chez l'andrologue, c'est pour un retard plus global de la puberté. La prise d'hormones pourra alors jouer tant sur l'arrivée de la puberté que sur le bon développement de la verge.

Les médecins constatent que très souvent le patient adulte affublé d'un micropénis, a subi une puberté tardive ou un impubérisme, ce qui donne des adultes généralement « efféminés » (selon les médecins), à la voix haut perchée, au visage imberbe. Leur corps ressemble davantage à celui d'un préadolescent qu'à celui d'un homme adulte. Malheureusement, à ce stade, il n'y a plus de remède possible, si ce n'est la chirurgie qui, comme je l'exposerai bientôt, demeure un sujet controversé.

Précisons toutefois que le traitement par hormones de croissance n'est pas anodin. Il n'est pas question d'une pilule miracle qu'on avale en une prise et qui règle définitivement le problème. Cela demande une coopération et un engagement total du patient. Les injections, les analyses et le suivi durent plusieurs années, comme le raconte Ben Névert dans son livre autobiographique *Je ne suis pas viril* (First, 2023) : « J'ai accepté les hospitalisations, la médication sur plusieurs années, la prise de risque des effets secondaires parce que, pour moi, tout cela était plus supportable que la pression et l'exclusion du groupe ».

Dans son cas, il s'agissait de rattraper un retard de croissance global. Il explique combien sa petite taille, dès l'âge de 7 ans, l'a cantonné dans la sphère peu enviable des « garçons efféminés » de la cour d'école et conduit à être harcelé.

Par ailleurs, et c'est là qu'on pourra considérer que mon travail tombe à point nommé, plusieurs études, menées ces vingt dernières années, ont établi que la taille des pénis a diminué d'environ 10 % en soixante ans. Une information que confirme la D^re^ Shanna Swan, professeure de médecine environnementale et de santé publique au Mount Sinai Hospital de New York, à l'origine de nombreuses recherches sur le sujet, présentées dans son livre *Countdown* publié en 2021. Donc, messieurs dames, plutôt que de vous morfondre, il va falloir vous y faire… Les gros gourdins sont peut-être des espèces en voie de disparition. À qui la faute ? La pollution et les perturbateurs endocriniens. La D^re^ Shanna Swan a remarqué que, placés au contact de phtalates (composé chimique présent dans les matières plastiques), les fœtus avaient un plus grand risque de naître avec des organes génitaux atrophiés. Notons, même si c'est un autre débat, que ces mêmes causes seraient à l'origine d'une baisse de la qualité du sperme masculin.

Y a-t-il des conséquences médicales connues associées à un petit pénis ? Non, la médecine est formelle là-dessus. À part les rares cas d'impuberté qui présentent d'autres malformations associées, avoir un petit pénis n'implique aucune complication médicale.

LA CHIRURGIE

Les seules complications liées au micropénis sont celles consécutives à la pratique de la pénoplastie, ainsi qu'on nomme la chirurgie esthétique de la verge. Celle-ci permet dans une certaine mesure d'allonger ou épaissir le sexe masculin. Elle est pratiquée par des chirurgiens plasticiens. En résumé, les deux opérations les plus répandues sont :

- L'épaississement du pénis par injection d'acide hyaluronique (molécule utilisée comme produit de comblement en médecine esthétique) ou de graisse prélevée sur le patient.

- L'allongement. Le terme est trompeur, car en réalité le médecin ne va pas procéder à un réel allongement, mais sectionner le ligament suspenseur de la verge qui amarre la face dorsale du pénis à l'os pubien. Cela provoquera donc un allongement « visuel » du pénis puisque celui-ci pendra davantage.

Ici, j'ai conscience d'entrer en terrain miné. Tout d'abord car ma prise de position sur les petites bites devrait m'inciter à plus de réserve, mais aussi car les chirurgiens esthétiques pratiquant ce type d'intervention sont peu loquaces… Je n'ai pas eu la pugnacité de contacter tous les médecins de France et de Navarre, encore moins ceux installés à Dubaï (on se doute que ce ne sont ni les plus professionnels, ni les moins intéressés…) ; toujours est-il que la poignée de professionnels que j'ai tenté d'approcher n'a pas souhaité répondre à mes questions. À en croire les sites internet de certains, ou encore les interviews données ici et là par quelques praticiens, la technique est au point et les résultats sont à la hauteur des espérances des patients.

Ça, c'est la face brillante de la médaille. L'andrologue Pierre Desvaux m'a rapporté que dans de très rares cas, si les patients présentaient à la fois un micropénis et des souffrances psychologiques alarmantes, il lui était arrivé d'orienter ces hommes vers des chirurgiens esthétiques, afin de gagner quelques centimètres de circonférence. Bien qu'il leur ait recommandé des médecins a priori sérieux et de confiance, il a été témoin de ratés tout à fait dramatiques. Le plus fréquent est la nécrose. Ainsi le patient se retrouve avec une verge encore plus petite et dont les tissus meurent. Un couplé gagnant dont il aurait pu faire l'économie. Mais les opérations peuvent aussi causer des infections, des dysfonctionnements érectiles et, dans les cas les plus dramatiques, entraîner une amputation du pénis.

Autre risque lié à la chirurgie : la diminution de l'oblicité du phallus. Cela concerne les cas d'allongement. Puisque le ligament a été sectionné, l'érection se fera à l'horizontale ou totalement vers le bas… ce qui généralement déplaît aux patients. Un pénis doit être de bonne taille, mais aussi se dresser fièrement… Si le gland, même en érection, regarde les chaussures de monsieur, le résultat n'est pas seulement inesthétique, il complique la pénétration et risque de la rendre inconfortable.

UN PETIT PÉNIS EMPÊCHE-T-IL LA PROCRÉATION ?

Tous les médecins s'entendent sur la réponse : non, cela ne freine pas les fonctions reproductrices. Si les testicules sont de taille normale et sont tous les deux descendus, la fertilité sera la même que celle d'un homme mieux membré. Au pire, les spermatozoïdes auront un peu plus de chemin à parcourir pour accéder au col de l'utérus, mais quand on connaît la mobilité, la vivacité et la détermination de ces petites choses, il n'y a aucun doute sur leur capacité à grimper quelques centimètres de plus. Sachez qu'on rencontre des cas de femmes atteintes de vaginisme qui parviennent à tomber enceintes par frottement et éjaculation à l'orée de leur vagin. C'est dire combien la nature a tout mis en œuvre pour que l'espèce humaine se multiplie.

ET LES CONSÉQUENCES PSYCHOLOGIQUES ?

Ici, nous abordons la principale séquelle frappant les individus affligés d'un petit pénis. Et ce n'est pas parce que ce n'est « que psychologique » que ce n'est pas envahissant. Pour certains, c'est toute la vie qui sera gâchée par ce complexe.

Pourquoi les hommes font-ils une fixation sur la petite taille de leur pénis ?

Bien sûr, la valorisation millénaire du phallus à présent ancrée dans nos sociétés, et les avantages sexuels qu'on lui prête, est à prendre en compte, mais ce serait une erreur de se cantonner à l'aspect purement sexuel.

Les complexes naissent bien avant la sexualité active. On observe que dès l'enfance, au sein des fratries par exemple, de cruels jeux de comparaison se mettent en place, qui ne bénéficient jamais à celui qui a la « plus petite ». Mais c'est à l'adolescence, quand les organes sexuels sont censés se développer, quand l'enfant se rend compte que, peut-être, son sexe ne grossit pas comme il devrait, que les premières craintes voient le jour. Selon le milieu dans lequel il vit, le garçon s'en rendra compte en comparaison avec d'autres membres de la famille, ou tout simplement parce que ses parents le lui disent (ce qui d'après les sexologues est le meilleur cas de figure, si cela est fait avec bienveillance et sans jugement).

LE SYNDROME DU VESTIAIRE

C'est surtout à l'extérieur de la famille que la comparaison fait rage, dans les vestiaires, à la piscine, aux pissotières… voilà pourquoi on appelle cela « le syndrome du vestiaire ». Notons que ce complexe ne se résume pas aux quelques années d'adolescence : il peut durer toute une vie. Certains hommes renonceront définitivement aux sports qui impliquent de passer par la case vestiaires pour ne pas exposer leur pénis de taille modeste. D'autres refuseront un job si les toilettes de l'entreprise sont équipées de pissotières où n'importe quel collègue pourrait loucher sur leur service trois pièces. Mais certains heureusement, parviennent à dépasser cette gêne, non sans efforts. Le docteur Philippe Brenot m'a rapporté qu'il avait souvent dû expliquer aux hommes que c'était un phénomène naturel d'avoir un petit sexe en sortant de la douche. Sous l'effet du froid le pénis se rétracte. Et si par-dessus le marché le patient se sent en position d'infériorité, la peur intensifiera le processus de « recroquevillement ». Quand, cerise sur le gâteau, ils sont confrontés à des excités, plus nombreux qu'on l'imagine, qui viennent de se branler sous la douche, leur verge toute timide ne passe pas la comparaison.

INCIDENCES SUR LA VIE SEXUELLE

Lorsqu'un homme est affligé d'un petit pénis, les sexologues constatent que tous n'adoptent pas la même stratégie pour pallier cette souffrance.

Pour beaucoup, ils développent des stratégies d'évitement.

La plus évidente sera la privation de sexualité : puisqu'ils ne se considèrent pas en mesure de produire une quelconque performance sexuelle, ils y renoncent. Et cela peut durer des années, voire toute une vie…

Nathalie Giraud m'a rapporté le témoignage touchant d'un homme qui l'a consultée alors qu'il avait une soixantaine d'années.

Après une vie entière sans sexualité, après avoir pu éviter toutes les occasions de se dévêtir devant le regard d'autrui, il était confronté à une difficulté indépassable pour lui : effectuer des examens médicaux qui exigeraient qu'il montre son sexe. Le blocage était tel qu'il a ressenti le besoin de consulter un sexothérapeute pour être accompagné.

Voici le récit de sa vie.

Businessman accompli, brillant dans sa vie professionnelle, rien n'aurait pu laisser deviner qu'il souffrait d'un complexe depuis petit. Pendant son adolescence, il a rapporté avoir senti que quelque chose n'allait pas, mais sans parvenir à identifier le problème. On n'en parlait pas dans sa famille, et l'accès à la pornographie était restreint à cette époque. Il ressentait un malaise sans l'expliquer. C'est à 18 ans, confronté à sa première expérience sexuelle, qu'il a compris : ce fut une expérience terrible, le traumatisme de sa vie puisque sa partenaire, voyant qu'il ne s'y prenait pas bien (c'était sa première fois) a renvoyé la faute sur son micropénis et l'a considérablement humilié. Par la suite il a choisi de ne plus se confronter à la réalité. Il a volontairement opté pour un métier qui l'amenait à beaucoup voyager, afin de justifier son célibat et sa difficulté à construire une famille auprès de ses proches. Voyez à quel point sa stratégie était rodée. Il ne s'agissait pas seulement d'éviter les femmes, mais aussi les questions que l'on aurait pu lui poser à ce sujet.

Ce qui est merveilleux dans ce témoignage c'est que cet homme, a priori brisé, a réussi lors de la thérapie à se réconcilier avec lui-même et, ce faisant, a pu nouer une relation durable avec une femme.

En quoi consiste le travail d'accompagnement du psychothérapeute avec ces hommes complexés ?

Il est double : psychologique mais aussi physique.

Bien sûr, le psychisme prime, il s'agit d'apprendre à un individu qui a toujours détesté son sexe à l'aimer. On ne peut demander à l'autre d'aimer ce que l'on déteste soi-même, n'est-ce pas ? L'amour de soi est donc le premier pas vers la guérison. Celle-ci passe par un travail psychique et technique. Le thérapeute demandera au patient de penser à son sexe en des termes positifs et bienveillants, puis de le toucher et de le caresser sans gêne ni animosité. C'est ainsi que petit à petit le patient laissera le regard de l'autre le rencontrer.

Ensuite, le praticien délivrera au patient des « habilités sexologiques ». Ici, de quoi parle-t-on ? Tout simplement de « trucs », d'éducation sexuelle en somme. Le sexologue a étudié la science du plaisir. Il sait, du moins partiellement, comment provoquer le plaisir féminin et donnera au patient les clés pour l'atteindre.

On pourrait croire que c'est un fait connu de tous aujourd'hui, pourtant beaucoup d'hommes ont encore besoin de l'entendre : la stimulation du clitoris reste une valeur sûre, voire la pierre angulaire du plaisir féminin. Or, il n'est nul besoin d'être membré comme un âne pour développer mille et une techniques qui font grimper madame aux rideaux.

De même, inutile d'avoir un très long sexe pour stimuler le point G par exemple, puisqu'il est situé à l'entrée du vagin.

Concernant ce dernier, le sexologue expliquera que les femmes sont assez peu innervées à cet endroit, par conséquent les mouvements de va-et-vient profonds sont rarement les plus efficaces. L'insistance, la répétition des stimulations sur certains points, la puissance des impacts, le contact des peaux et des hanches, sont des facteurs d'excitation bien plus importants.

LE CHOIX DE LA SURVIRILITÉ (ET SES ÉCUEILS)

Beaucoup d'hommes dotés d'un petit pénis optent pour un choix ambitieux : développer au maximum leur virilité afin de faire oublier, pensent-ils, la taille de leur engin.

Puisque, malheureusement, virilité et grand phallus sont associés depuis des lustres, cette décision, consciente ou pas, ne semble pas ridicule.

Ainsi j'ai rencontré des rugbymen, des pompiers ou des CRS qui avaient de petits ou d'assez petits pénis.

La sexologue Nathalie Giraud m'a confirmé qu'il s'agissait d'un profil courant dans sa patientèle. Faute de pouvoir agir sur la taille de leur pénis, certains hommes se mettent en tête de contrôler tout ce qui est contrôlable dans leur vie : leur corps qu'ils modèlent sans économiser leur énergie, et leur réussite sociale, leur fortune. C'est avec une détermination sans faille qu'ils essaient d'atteindre le sommet de leur discipline. Est-ce une coïncidence, par exemple, si Napoléon possédait un petit pénis ? Si on ne peut affirmer que la taille de son sexe est à l'origine de toutes ses batailles et de ses conquêtes, il n'en reste pas moins que notre petit homme avait aussi un petit sexe. Francesco Antommarchi, médecin personnel de l'empereur, constata à la mort de Napoléon que son pénis ne mesurait pas plus de 3,8 centimètres. Antommarchi fit davantage : avec la plus grande discrétion, il sectionna le sexe de l'empereur.

C'est ainsi que le « micropénis » de l'Aigle a vécu toutes sortes d'aventures romanesques post-mortem. Comme quoi il n'est pas nécessaire d'avoir une bite de cheval pour qu'elle passe à la postérité.

La verge impériale, toute modeste soit-elle, a connu de nombreux propriétaires, ainsi que le raconte l'historien Marc Lefrançois dans son *Histoires insolites de Napoléon* (City Éditions, 2015). Elle fut d'abord remise à l'abbé Vignali, confesseur de l'empereur et corse lui aussi, qui la confia à sa famille sur l'île de beauté. La relique resta une pièce maîtresse de l'héritage des Vignali pendant des décennies avant sa mise en vente en 1916, sous l'intitulé de « tendon momifié ». Elle fut alors achetée par un Anglais qui la revendit 8 ans plus tard pour 400 livres à l'Américain A.S.W. Rosenbach. En 1927, celui-ci la prêta au Museum of French Arts de New York, qui l'exposa sur un petit coussin de velours. Si l'on en croit les journalistes qui visitèrent le musée, la relique ressemblait à « un bout maltraité de lacet en peau de daim », à « une anguille ridée », ou encore à « un morceau de bœuf séché ». En 1977, l'urologue américain John K. Lattimer, en fit l'acquisition pour 13 000 francs. Il la fit scanner et confirma qu'il s'agissait bien d'un pénis. L'homme garda toute sa vie ce qu'il considérait comme un « trésor historique ». Il transmit le précieux tendon à sa fille Ewan qui ne l'a jamais montré, mais affirme qu'il est « réduit à la taille d'un doigt de bébé, avec de la peau ridée blanche et de la chair beige disséquée ». À sa décharge, la verge de Napoléon n'a jamais été conservée dans le formol, ce qui explique qu'elle ait rétréci au fil des années.

Cette parenthèse historique fermée, ajoutons que le sport est également une discipline dont certains abuseront pour compenser un petit pénis. En se forgeant un corps d'athlète, on communique une image virile.

Ce choix, néanmoins, peut être à double tranchant, comme dans le cas d'un patient dont Nathalie Giraud m'a fait part.

L'homme, grand, bien bâti, entretient sa musculature par des entraînements assidus. Par-dessus le marché, il est noir, ce qui veut dire que non seulement il envoie aux femmes l'image d'un homme outrageusement viril, mais aussi celle d'un mec « bien membré ». Et c'est bien là le cœur du problème : il est d'autant plus angoissé au moment de se déshabiller qu'il craint que sa partenaire n'ait des attentes particulières et surtout absolument contraires à la réalité : il affiche un pénis de taille modeste. Ce garçon en est arrivé à un point de déchirement si intolérable qu'il a trouvé le courage de consulter la sexologue. Elle lui a appris non seulement à se réconcilier avec lui-même, mais aussi à travailler sur le regard de l'autre. Il a dû apprendre à décoder ce regard. Pourquoi cette femme s'intéresse-t-elle à moi ? Quel sera son regard sur moi ? Me voit-elle comme un objet ou un individu ? Suis-je un trophée sexuel à ses yeux ? En qui dois-je mettre ma confiance ?

LES CHEMINS DE TRAVERSE

J'appelle « chemins de traverse » le choix d'une sexualité différente, que d'aucuns qualifieraient de « perverse » ou « déviante », mais qui peut combler un individu toute sa vie durant.

On trouvera des hommes à petit pénis qui jouissent de ce désavantage et le subliment dans une relation BDSM. Cela vous rappelle quelque chose ? Eh oui, tous ces films pornos montrant des dames souveraines occupées à railler des hommes à petite bite : nous y sommes. Il fallait s'y attendre, le porno est dans sa vaste majorité une industrie faite par les hommes pour les hommes. Si ces films existent, c'est donc bien pour exciter des individus de sexe masculin qui aiment s'imaginer à la place du monsieur tourné en ridicule. Or, sans surprise, ce sont ceux qui sont plutôt mal pourvus par la nature qui en raffolent. Les sexologues en rencontrent parfois en cabinet. Ces hommes-là font souvent appel à des dominatrices professionnelles, non seulement pour les humilier, mais aussi pour maltraiter leur pénis de diverses façons : en le fouettant, le ligotant ou même en y enfonçant des aiguilles. D'autres, plus timides, auront recours à des cam-girls. Le témoignage de Charlie, qui exerce ce métier depuis une dizaine d'années, vous éclairera mieux que moi sur les attentes de ses clients.

« En cam ou pour une vidéo personnalisée, je reçois des demandes axées sur le SPH, acronyme pour *Small Penis Humiliation*. Des hommes me demandent de les humilier en me moquant de la taille de leur sexe, en leur disant qu'ils ont une bite lamentablement petite, qu'ils ne seront jamais capables de combler une femme, etc.

Parmi eux, certains ont réellement une petite bite, mais d'autres ont une queue d'une taille tout à fait "normale", voire supérieure à la moyenne, et sont excités par le fait d'être traités de petite bite.

Je pense notamment à un client qui adore commencer un show en ne bandant pas. Son pénis au repos est tout petit, logique quoi, il n'est pas en érection. Il aime qu'au début, je le rabaisse en me moquant de la taille de sa bite, en lui signifiant qu'il ne pourra jamais combler une femme et qu'il est condamné à se branler et à regarder un vrai mec avec une vraie bonne queue me baiser parce que lui, je le sentirais à peine.

Plus je joue sur l'humiliation, plus ça l'excite. Une fois en érection, son sexe n'est plus particulièrement petit. À la fin du show, il me demande toujours si au final, ça va la taille de sa queue. C'est donc un mélange entre jeu d'humiliation et réassurance sur la taille de son sexe.

J'ai aussi, comme je disais, des clients qui ont une petite bite, et qui me demandent de les humilier et de les rabaisser. Là, le mode d'excitation vient purement et simplement d'une soumission par l'humiliation. Ils aiment que je leur dise que vu la taille de leur engin, ils sont forcément cocus, que jamais ils ne pourront faire jouir une femme avec leur zizi de gamin, etc.

Dans l'ensemble, je dirais que tous ces hommes amateurs de SPH, recherchent une érotisation de la honte. Au final ils jouissent de leur incapacité (présumée) à faire jouir. C'est une manière de s'affranchir de la nécessité de réussir, ils avouent l'échec, lâchent prise et ce faisant, prennent leur pied.

Ce qui est rigolo, c'est qu'à côté de ça, j'ai quand même pas mal de demandes d'hommes qui veulent que je mette une note à leur bite, quelle que soit sa taille (je reçois de tout : petite, grosse, très grosse). Je vois aussi des hommes aux bites énormes, qui viennent en show pour savoir si leur engin est assez gros.

C'est quand même source majeure de tracas, comme si la taille de la bite déterminait la valeur d'un homme, sa virilité et sa capacité à faire jouir une femme. Étrangement, personne ne se pose la question de la taille du vagin…

À tous les hommes qui doutent, à ceux que ça paralyse vraiment, rappelez-vous qu'une femme se fait jouir avec un ou deux doigts. C'est pas gros, un doigt.

Et souvenez-vous aussi qu'il y a des tailles de vagins, des tout petits, et des très larges. Et que ce qui fait d'un mec un bon amant, ce n'est pas la taille de sa bite. »

Selon les sexologues, le recours à une sexualité de cet ordre (BDSM, SPH, etc.) n'est pas un problème. Tant que le patient se considère comme heureux dans son choix, il n'y a pas de raison de vouloir le ramener dans le droit chemin du sexe soi-disant plus conventionnel. Il n'interviendra que si l'individu y trouve matière à se plaindre. Souvent ce sont les tarifs élevés des dominatrices qui poussent le patient à vouloir se sevrer. Mais il peut arriver qu'un homme se satisfasse pleinement des « extravagances » que son petit pénis l'a conduit à essayer. Je vous invite pour illustrer ce propos à découvrir le témoignage de Nils, 53 ans :

« Pendant toute une partie de ma vie, entre mes 15 et 30 ans, je n'ai pas spécialement prêté attention à la taille de mon pénis. À l'adolescence, les filles m'intéressaient mais je me contentais d'une sexualité sporadique et assez basique. Tant mieux, car je me suis vite rendu compte que j'avais toutes les peines du monde à séduire et draguer. Je n'étais pas très éveillé sexuellement. Peut-être parce que je trouvais ma motivation et mes sources de satisfaction ailleurs. Principalement dans mes études, et mon choix de carrière pour le moins exigeant. J'étais focalisé sur mes objectifs et j'ose dire que les approcher me procurait déjà beaucoup de sensations. C'est quand j'ai fini par vraiment m'installer dans la vie, que j'ai atteint mon but professionnel (j'avais obtenu le poste que je briguais), que le sexe a commencé à me tarauder comme jamais auparavant. Ce n'était pas seulement un pic de libido, j'avais une envie irrépressible d'embrasser toutes les sexualités, de me livrer à des expériences qui dépassaient tout ce que j'avais connu avant. J'ai commencé à me documenter et très vite j'ai fait des rencontres dans les milieux libertins et BDSM en affichant la couleur : j'aime tout ce qui est pervers et je n'ai pas de limite particulière.

Ces explorations étaient toutes plus grisantes les unes que les autres mais il y avait un revers à la médaille : en comparant mon sexe à ceux de mes acolytes dans des clubs ou les soirées privées, en regardant des films aussi, je ne pouvais pas ignorer que j'avais un pénis beaucoup plus petit que les autres. Que faire de cette information ? J'avais de multiples fantasmes, comme la domination que j'ai tenté de pratiquer avec des femmes et des couples. Mais à partir du moment où je m'étais mis en tête que je n'étais pas assez bien monté pour jouer les étalons, je ne me sentais plus à l'aise dans ce rôle de dominateur, je n'y trouvais pas de légitimité. En switchant, c'est-à-dire en me faisant dominer à mon tour, j'ai réalisé combien j'aimais être soumis sexuellement. Soumis et "femelle". Dans ce jeu d'inversion des rôles, mon petit pénis devenait clitoris, mes orifices des "garages à bite" et j'y trouvais une excitation cérébrale ultime. Je dirais que l'image que j'avais de moi, celle d'une "demi-virilité" décevante, m'a poussé à explorer la face arrière de mon anatomie alors qu'à la base je suis totalement hétérosexuel : je suis attiré exclusivement par les femmes. Les hommes me dégoûtent physiquement. Pourtant, dans le cadre de ma sexualité, j'ai petit à petit fréquenté de plus en plus d'hommes bi et dominants. Maintenant je sais que mon fantasme ultime, c'est d'être la poupée sexuelle d'un homme viril et plus vieux que moi, ou encore d'un couple ou d'une femme très pervers. J'aime qu'on m'utilise, qu'on me prostitue. Récemment j'ai découvert le *fist* (du côté passif principalement) et cela a été une nouvelle révélation. J'y trouve une jouissance bien plus puissante que toutes celles connues par ailleurs avec mon pénis. Voilà comment j'ai donc remédié à mon handicap. J'ai conscience que cette sexualité présente des facettes extrêmes et des déséquilibres patents, mais paradoxalement elle me permet aussi de me rééquilibrer psychiquement. Si c'était à refaire, je ne changerais rien. D'ailleurs, si demain un génie sorti d'une lampe remplaçait ma petite queue par un énorme engin, j'en profiterais sans doute pour goûter à foison aux délices des corps féminins, mais je ne suis pas certain que ça m'éloignerait longtemps de mes pratiques préférées. J'ai pris goût aux extrêmes et à l'interdit. »

LE GRAND PLONGEON

J'ai lu récemment dans un livre sur l'affirmation de soi qu'afin de pallier le manque de confiance, il fallait se fixer des objectifs. Et si l'on souffre d'un complexe particulier, il convient que les objectifs soient en lien avec ce dernier.

Je ne sais si les hommes qui pratiquent ce que je nomme le « grand plongeon » ont lu le même livre, mais ils semblent en tout cas en avoir intégré le principe. L'idée, à l'inverse de l'abstinent, consiste à remettre sans cesse son complexe sur la table.

Ainsi, par exemple, on rencontrera des hommes à petit pénis actifs dans le milieu de la pornographie professionnelle ou amateur, ou encore dans les clubs libertins, lieux de mise à nu et de compétition masculine par excellence. J'ai connu par exemple, un organisateur de soirées coquines doté d'un petit pénis… or il n'était pas le dernier à participer aux orgies qu'il mettait en scène. Puisqu'il est question de libertinage, une de mes amies a désiré vous livrer ce témoignage éclairant sur les « calibres » qu'elle a rencontrés :

« J'ai rencontré peu d'hommes pourvus d'un tout petit pénis. Mais ce qui m'a le plus surprise, c'est d'en avoir rencontré dans des clubs libertins. Dans ces temples de la performance sexuelle, j'avoue que c'est le dernier endroit où je pensais en croiser. Je ne parle pas non plus d'un “vivier” : j'ai croisé deux hommes dans ce cas. Mon mari et moi avons joué avec l'un d'eux. C'était un moment où j'accueillais toutes les caresses : je voulais qu'on me touche et qu'on m'excite, peu importe ce qui se passerait dans les minutes suivantes. J'aimais être le centre d'intérêt. Il a donc participé, comme les autres. La différence, c'est peut-être que je m'en souviens : un jeune homme très doux et très concentré. Contrairement à ses congénères, il ne s'est pas contenté de me doigter quelques secondes avant de retourner cajoler son membre pour qu'il soit en forme après. Ce jeune homme, malgré l'empressement de ses camarades à passer à l'étape suivante, a pris son temps. Il a caressé mes cuisses, mon ventre et a cherché comment me faire du bien avec ses doigts. S'est ainsi créée une connivence entre nous trois, moi me laissant faire, lui me caressant et mon mari me chuchotant des insanités au creux de l'oreille, me décrivant combien l'autre me faisait du bien. Grâce à cela, je lui ai accordé le droit de me faire un cunni, pratique dont je ne suis guère friande d'habitude, car je la trouve souvent bâclée par ces messieurs. Pas de surprise, il ne m'a pas fait jouir. J'ai fini par l'attraper par les cheveux pour qu'il abrège et me prenne, puisqu'il restait, de loin, notre plus agréable complice à ce moment-là. La taille de son pénis est revenue sur le tapis. Il a laissé sa place à un autre avec un sourire.

Plus tard, il nous a offert un verre. Galant en plus d'être attentionné ? Moi qui viens en club pour la pluralité masculine, et donc pour prendre du plaisir avec des hommes multiples et différents, j'étais très agréablement surprise. Je l'ai été d'autant plus lorsque mon mari lui a précisé qu'il était bi. En effet, le jeune homme s'est dit "hétéro, mais pas fermé". L'essentiel pour lui était de donner du plaisir. Il n'a eu aucun problème à sucer mon homme qui a également apprécié sa douceur.

En conclusion, j'ai rencontré un jeune homme conscient de sa différence, surtout sur un terrain libertin, mais qui avait su développer d'autres compétences pour y trouver sa place. Aussi, il aurait bien des choses à apprendre à d'autres mâles, mieux pourvus entre les jambes, certes, mais manquant parfois sensiblement de savoir-vivre et de savoir-faire. »

(Miss Kat)

LE DON JUAN

Autre profil caractéristique des hommes à petit pénis, le Don Juan. Si cela peut paraître surprenant au premier abord, on l'explique pourtant aisément. Jouer les tombeurs, accumuler les conquêtes sans s'attacher, multiplier les partenaires d'un soir est aussi une stratégie d'évitement. En se gardant de s'attacher, on se garde aussi de revoir l'autre et l'on coupe court au jugement. Les femmes éconduites pourront toujours jaser, il sera déjà loin, occupé à chasser la suivante, qu'il séduira en un claquement de doigts. Ainsi, le Don Juan s'assure que sa masculinité soit toujours renforcée positivement.

De nombreuses femmes m'ont parlé de ce genre de profil ; j'en ai rencontré un moi-même.

Parfois le joli-cœur cumulera corps parfait et capacités hors norme de séduction. En somme, ils doivent redoubler d'une confiance en eux « affichée », car c'est souvent le propre du dragueur. Mais cette assurance de façade ne leurre pas les professionnels : leur conduite n'en est pas moins une stratégie d'évitement.

Voici le témoignage de Nelly, 58 ans :

« Ça devait être en 1987. Après le travail j'allais dans une discothèque à Saint-Michel. Il y avait un bar en entrant, avant d'arriver sur la piste de danse. Même dans l'ambiance sombre et bleutée des lieux, il était difficile de ne pas voir ce garçon aux épaisses mèches de cheveux châtain. Il avait cette aisance qu'affichent souvent les habitués, qui leur donne une assurance enviable et qui renforce leur charme. Il évoluait avec toute une cour d'amis, filles et garçons, qui gravitaient autour de lui comme des mouches. Je suis retournée plusieurs fois là-bas et il me plaisait de plus en plus. Au début je l'ai vu avec une jolie fille puis avec une autre, encore plus jolie, genre liane au corps de déesse qui se tenait debout près de son siège, sans cesse accrochée à lui comme à un trophée. Lui restait accoudé avec panache au comptoir, feignant vaguement l'indifférence. Une des copines culottées qui m'accompagnait ce jour-là a décidé d'aller lui faire savoir qu'il me plaisait. Je ne me souviens plus comment j'ai été admise au sein de son clan, mais j'ai eu l'impression d'arriver dans sa vie comme un insecte, à peine plus intéressante. La plupart du temps il continuait à parler avec sa bande et moi je restais plantée là. Je me souviens que ce jeu du chat et de la souris a duré assez longtemps : "Ah t'es là ? Boude pas, va t'amuser, mais reviens, oh, j'rigole !"

Plusieurs soirées se sont passées, comme ça, avant que je finisse enfin par l'attirer chez moi. Nous étions assis sur le canapé, ça durait, ça durait, et il n'entreprenait rien. J'en ai eu marre, alors je lui ai proposé de lui faire couler un bain avec beaucoup de mousse. Je suis allée lui chercher un whisky que je lui ai apporté quand il était déjà dans l'eau. Je suis restée assise à côté de la baignoire, mais rien ne se passait, même pas un bisou ni une main baladeuse. Cela devenait pesant. J'ai décidé d'aller me coucher nue sous la couette. Il a fini par sortir et s'est glissé sous la couette lui aussi. Immédiatement, il m'a grimpé dessus. Je le voyais faire des va-et-vient et sentais bien quelque chose, un doigt peut-être ? Mais alors il ne prenait appui que sur un bras ? J'ai eu à peine le temps de réfléchir à tout ça que déjà il jouissait. J'en ai conclu que ça ne pouvait pas être son doigt. Puis il m'a tourné le dos et j'ai fait pareil. Je ne voulais surtout plus rien voir ni rien sentir. Ne pas savoir. Je ne sais plus comment il s'est débrouillé mais le lendemain matin il est parti sans que j'aie vu son sexe. J'en ai déduit que ce pauvre garçon devait avoir développé l'art de l'esquive. Là tu ne la vois pas, là tu ne la vois plus, là c'est moi que tu ne vois plus… »

En lisant ce témoignage, on comprend que Nelly n'ait pas été séduite par les qualités d'amant de ce garçon. Le micropénis a joué dans son évaluation, mais elle déplore surtout le comportement général du beau gosse, l'absence d'une « cour » bien faite, de mots doux et de préliminaires.

QUAND LES FEMMES PRÉFÈRENT LES GROSSES

J'en arrive à un point épineux de mon travail : reconnaître les faits.

Oui, c'est vrai, certaines femmes préfèrent les grosses bites et l'avouent. Mais il est difficile de faire la part des choses entre les pures sensations et l'image fantasmée qu'elles en ont.

J'en ai rencontré, pour l'écriture de cet ouvrage, qui affirment qu'en dessous d'un certain calibre elles ne sentent rien, comme si rien ne les pénétrait. Je suis aussi une femme, donc *a priori* dotée des mêmes organes génitaux qu'elles, et je n'ai pas du tout cette expérience : je sens tout ce qu'on introduit en moi, ne serait-ce qu'un petit doigt.

Je suppose qu'il peut aussi y avoir une question physiologique (oui, il existe des vagins plus longs, d'autres peut-être plus ou moins serrés, plus ou moins toniques que d'autres), ou simplement des sensibilités vaginales différentes. Et après tout, comme disaient nos grands-mères : « chaque pot a son couvercle ». Je ne cherche pas ici à prétendre que les petites bites peuvent séduire toutes les femmes, mais au moins beaucoup de femmes. Comme souvent en matière de sensualité, c'est une question de complémentarité. Un individu ne correspond pas forcément à un autre individu, quels que soient les sentiments et la bonne volonté qu'on y met. Et cette complémentarité n'est pas uniquement liée à la taille du sexe. Qui n'a jamais vécu l'expérience d'une peau, d'une odeur corporelle qui nous semblait rédhibitoire, sans qu'on puisse vraiment en expliquer la raison ?

Il en va du même pour la taille du pénis, l'orientation du vagin, sa lubrification, la position de l'utérus, tout cela compte dans les sensations au moment du coït. Et ce que ressent l'une ne sera peut-être pas ce que ressent l'autre. Contre cela, on ne peut rien faire, sinon continuer à chercher chaussure à son pied… En conclusion : dans certains cas, la taille du pénis de l'homme peut poser problème, mais au même titre que des tas d'autres éléments physiques que nous ne pouvons pas contrôler.

N'oublions pas d'ailleurs, que dans de nombreux cas de figure, ce sont les trop gros sexes qui gênent les femmes. Je vous propose ici deux témoignages édifiants :

« Lorsque j'ai vu son sexe gigantesque, j'ai pensé “hors de question qu'il l'introduise en moi”. C'était impossible qu'il fasse entrer tout ça sans douleur. Bizarrement, je n'ai même pas eu besoin de le lui dire. Il est venu sur moi, a frotté son sexe en érection contre mon pubis, trois ou quatre va-et-vient et il a éjaculé. Je ne sais pas s'il avait pris cette habitude car les autres femmes refusaient qu'il entre, mais une chose est sûre, pour moi ce n'était pas franchement satisfaisant. »

(Marie-France, 35 ans)

« Je n'imaginais pas que ce jeune garçon propre sur lui cachait une vraie trompe d'éléphant dans son caleçon. Sa verge était vraiment très longue, mais son érection n'était pas très dure, on aurait dit que sa longueur empêchait le sang de l'irriguer jusqu'au bout (rien de scientifique là-dedans, juste une impression). Comme il était gentil et attentionné, je me suis dit que ça irait. De toute façon, il ne pourrait pas tout mettre et au pire je pouvais contrôler la profondeur de la pénétration avec mes mains. Erreur. La pénétration a été compliquée et douloureuse du début à la fin, sauf qu'il n'y a même pas eu de fin en fait. Au bout de quelques minutes et changements de position, j'ai renoncé et lui ai dit de se "finir" tout seul. Il n'a pas dû comprendre pourquoi, je n'ai pas osé lui dire que c'était son trop gros sexe qui me faisait mal. J'ai prétendu que j'avais changé d'avis, que je n'étais plus dans le *mood* (soit dit en passant, toutes celles qui nous disent que tous les hommes sont des violeurs en puissance, ce garçon que je ne connaissais que depuis quelques heures, a accepté de ne plus me pénétrer dès que j'ai dit stop, alors ne généralisons pas trop). Il a voulu me revoir, pour moi c'était un grand NON… »

(Saadia, 38 ans)

LE POIDS DU FANTASME

J'ose aussi affirmer que pour beaucoup de femmes, le blocage par rapport à la petite bite est avant tout psychologique.

Je me souviens d'une conversation avec une connaissance d'un soir, une femme fort sympathique à qui je demandais dans quelle mesure la taille comptait pour elle. Elle m'a répondu qu'à moins de tomber dans l'extrêmement petit, ça n'avait pas d'importance. Selon elle, les hommes pouvaient faire plaisir à leur partenaire de multiples façons. Puis elle a réfléchi et ajouté :

« En revanche, si ça doit devenir mon mari, je crois que j'aurais du mal avec l'idée d'avoir épousé une petite bite… Je sais que c'est bête, mais j'aurais l'impression d'avoir un homme moins viril, d'avoir tiré le mauvais numéro. »

(Vanessa, 35 ans)

L'omniprésence du gros phallus dans tous les supports érotiques ou pornographiques ne peut qu'influencer les femmes vers des fantasmes de grosse bite. En somme, nous avons toutes été biberonnées à la grosse bite.

Plus surprenant, j'ai aussi rencontré des femmes qui disaient fantasmer sur les « grosses bites » en tant que voyeuse. L'une d'elles a particulièrement insisté sur ce terme. Déjà, depuis l'enfance, elle aime regarder les hommes nus, ou plus exactement leur sexe. Une plage naturiste constitue pour elle un paradis pour les yeux, et plus il y a à voir, plus elle est aux anges. Elle est excitée par des images de gros phallus, par l'idée qu'un homme brandisse un énorme braquemart devant elle, plus que par un gros pénis en chair et… en chair (rappelez-vous, il n'y a plus d'os!). Elle m'a expliqué que c'était comparable aux gâteaux: on aura davantage l'eau à la bouche devant une énorme religieuse au chocolat bien luisante que devant un petit four. Mais elle a aussitôt ajouté que dans les faits, elle était réservée sur la fréquentation de pareils calibres et préférait se limiter à 15 ou 16 cm, car au-delà cela devenait douloureux pour elle. Pour rester dans la métaphore pâtissière: l'énorme religieuse peut s'avérer écœurante, on aura du mal à la finir, tandis que le petit four donne envie de se resservir…

Voilà qui soulève une question intéressante. Le fantasme est une chose, la réalité en est une autre. Et beaucoup de femmes savent faire la différence.

Phénomène non négligeable: pour un certain nombre de femmes, exiger une grosse bite et poser cette condition comme postulat d'une relation, constituent une forme de revanche contre le machisme.

À force d'être traitées en femmes-objets, à force qu'on exige d'elles des gros seins, une taille fine, des longues jambes, des fesses galbées, elles se disent: et pourquoi n'aurions-nous pas nous aussi le droit d'imposer nos critères physiques quand on choisit un homme? Qu'un de ces critères – la grosse bite – touche particulièrement à la virilité n'est pas anodin. Le phénomène n'est pas forcément conscient, mais il est sans conteste présent. Elles savent qu'il est injuste de discréditer toute une partie des hommes sous prétexte qu'ils ont un petit sexe, mais trouvent tout aussi injuste d'avoir à se plier à des régimes en série pour se conformer à une norme plébiscitée par quantité d'hommes.

Il est difficile de reprocher à une femme d'exiger une grosse bite par esprit de revanche féministe. Mais on voit mal comment faire évoluer les relations entre les hommes et les femmes si l'on s'en tient aux règlements de compte. Un peu de hauteur de vue ne peut pas faire de mal (même s'il ne faut surtout pas que l'effort vienne uniquement des femmes !).

QUAND LA PETITE BITE EST LA CLÉ DU BONHEUR...

Mais heureusement, il existe des hommes qui ne sont pas trop affectés par la petite taille de leur sexe et qui mènent une vie sexuelle épanouissante. Notons que dans ce cas la rencontre avec une femme bienveillante est essentielle dans la construction de la confiance en soi. Si vos premières amoureuses vous renvoient une bonne image de votre corps, la partie est à moitié gagnée et la relation peut durer toute une vie, comme en témoigne Évelyne :

« J'ai épousé Gérard à 20 ans. Ce n'était pas mon premier mais je n'avais pas eu beaucoup d'expériences avant lui. En tout cas, je me rendais compte qu'il ne faisait pas partie des gros gabarits. Notre rencontre a été explosive : je l'ai vu pour la première fois à 15 heures et à 22 heures j'étais dans son lit. On a compris très vite que notre péché mignon à tous les deux était le sexe. On adorait, et il était très doué pour ça. Jamais la modeste taille de son sexe ne m'a dérangée, pourtant d'après mes gynécologues j'ai un vagin assez profond (certains ont dû utiliser un speculum plus long que la moyenne pour m'ausculter). Voulez-vous savoir la vérité ? On ne s'est jamais lassés l'un de l'autre, et encore à notre âge, nous faisons souvent l'amour. Peut-être un peu moins qu'avant. À 30 ou 40 ans, il arrivait qu'on fasse l'amour jusqu'à trois fois par jour. Je me dis que c'était possible aussi parce que Christian n'en avait pas une trop grosse. S'il avait fallu que je supporte les va-et-vient d'un très gros sexe à la même fréquence, je n'aurais sans doute pas pu, mon corps n'aurait pas suivi. En conclusion : vive les petites bites ! »

(Évelyne, 73 ans)

Non seulement on peut connaître une vie épanouissante avec une petite bite, mais le témoignage d'Enzo, qui m'a beaucoup touchée, va plus loin. S'il a connu des années de complexes et de souffrance liés à son petit pénis, sa vie aujourd'hui, plus que satisfaisante, lui semble étroitement liée aux choix que son petit sexe lui a fait faire, consciemment ou pas :

« J'avais un copain d'enfance complètement obsédé. Il se branlait en permanence. On devait avoir une douzaine d'années et il sortait sa bite sans arrêt. Il rameutait d'autres gars du quartier pour faire des sorties à vélo dans les bois. Mais c'était un prétexte pour s'arrêter et se branler sans être vu. Il était obsédé par les trous. Par exemple les nœuds dans les arbres, les terriers des lapins : il y mettait son sexe et mimait les va-et-vient du coït. Il y avait un endroit où coulait une petite rivière, il aimait y faire des concours d'éjaculation. C'était à celui qui éjaculerait le plus loin dans l'eau. Moi, j'étais pudique et timide, donc je ne participais pas, tout ça me mettait mal à l'aise. Mais en fait, ce qui me choquait le plus, c'était la taille de son sexe à lui. Il me paraissait énorme. Au début, je me disais que c'était lui l'anormal, parce que je n'avais jamais vu ça. Moi j'avais encore un pénis de taille "enfant", et lui d'adulte. Quand il a commencé à nous montrer des magazines pornos, j'ai compris que le problème venait de moi. Ensuite et toujours grâce à lui, j'ai vu des films. Ça m'a confirmé que la taille normale n'était pas la mienne. À partir de là, je n'ai plus voulu entendre parler de sexe. Je faisais un rejet. Comme j'avais déménagé, je ne fréquentais plus les mêmes gens, donc c'était plus facile. Je me suis enfermé dans le travail. J'étais le premier de la classe, je fréquentais les meilleurs élèves. Au quotidien, je faisais tout pour ne pas apercevoir mon pénis. Je faisais pipi assis, je ne passais pas nu devant des miroirs, et je ne me lavais quasiment plus. À peu près un bain dans la semaine avec beaucoup de mousse, toujours pour ne pas voir. Ce n'est pas glorieux pour moi de repenser à cette période. J'incarnais le matheux boutonneux et crado. À force, ma mère a vu rouge (je précise que mon père est décédé quand j'avais 5 ans, je n'en garde presque aucun souvenir). Elle m'a obligé à avoir un minimum d'hygiène. Il n'empêche qu'elle n'a pas compris d'où venait le problème : je n'en parlais à personne, c'était tabou et honteux pour moi. Il n'était pas envisageable de lui avouer l'origine du problème.

À 17 ans, je suis rentré en math sup en étant toujours puceau, bien sûr. J'ai découvert mes limites au niveau du travail à cette époque. Je crois que j'ai fait une sorte de burn-out en math spé, mais avec du recul, c'était peut-être plus une dépression. Je me sentais vraiment très seul, je ne comprenais plus le sens de mes efforts. Dans ma tête, rien ne pouvait me sauver et je m'enfonçais dans un mépris total de moi-même. Je me souviens qu'à un moment j'ai même eu une période mystique où j'ai songé à devenir prêtre. Finalement je me suis retrouvé à la fac de sciences et là, il y a eu une sorte de miracle. J'ai rencontré une fille du cursus de biologie qui semblait s'intéresser à moi. J'étais amoureux comme un fou, mais à part les baisers, je n'osais pas aller plus loin. Je rejetais la main de Margaux quand elle essayait de la glisser vers ma braguette. À un moment, je me suis dit : soit tu lui parles soit tu la quittes. Je n'étais vraiment pas loin de choisir l'option la plus lâche, quand elle m'a mis au pied du mur. Disons qu'elle m'a tendu un piège. Elle s'est mise toute nue chez elle en attendant de voir ce que je ferais. Alors j'ai tout déballé, pas physiquement, hein, je lui ai avoué mon blocage. Contrairement à ce que je m'étais imaginé, le ciel ne m'est pas tombé sur la tête. Elle n'a pas fui en se moquant de moi. Elle a ri (quand même) et m'a dit qu'elle était étonnée que je lui dise ça, qu'elle en avait envie et que la taille n'avait pas d'importance. Je ne sais pas si elle a fait un effort ou si c'était naturel, mais elle n'a eu aucune réaction particulière en voyant mon sexe, et on s'est apprivoisé l'un l'autre. Puis elle m'a présenté à sa famille, et là, ça a été une autre révélation. Ils vivent en province et sont presque tous artisans : ébéniste, maçon, tailleur de pierre. Pendant les grandes vacances qui ont suivi j'ai appris à tailler des pierres avec son cousin. J'ai eu un déclic. Je voulais faire ça. Quelque part, comme ça mobilisait mon corps, ma force (je voyais mes biceps s'étoffer chaque jour un peu plus !), comme j'utilisais des outils, que je travaillais dans la poussière d'un établi, ça me rétablissait dans ma virilité. J'ai totalement changé de voie, et aujourd'hui je suis tailleur de pierre. Je suis marié avec Margaux et nous vivons à la campagne. Lorsque je lui fais l'amour et que je dégrossis un gros bloc de pierre, je me sens tout à fait viril. On peut dire que ça a été un long chemin, mais aujourd'hui, je ne pense plus à la taille de mon sexe comme à un handicap, je me dis même que ça m'a permis d'avoir une vie loin des sentiers battus, que je n'aurais peut-être pas eue autrement. »

(Enzo, 43 ans)

POURQUOI FAUT-IL FAIRE L'ÉLOGE DES PETITES BITES ?

PETIT PÉNIS : LE PLUS MODERNE ET CIVILISÉ DE TOUS

Quand on pense bite, on a trop souvent tendance à penser sexualité. Et on a tort, car sur une journée de 24 heures, notre amie à tête chauve est bien plus souvent au repos qu'en action. Or, en mode *off* il ne fait aucun doute qu'avoir un petit pénis est un avantage. À l'instar d'une Twingo ou d'une Smart, la petite bite est une parfaite citadine : elle se faufile partout, ne se voit pas à travers les vêtements, ne crée pas de gêne quand on frôle quelqu'un dans le métro ou dans une file d'attente. Pour les amateurs de danse en duo, aucune crainte de mettre sa partenaire mal à l'aise lors d'un mauvais placement de jambe. Et ne parlons pas de sports comme le vélo ou l'équitation, pour lesquels il ne fait pas bon porter une braguette trop encombrante.

Avoir une petite bite, messieurs, vous rend donc beaucoup plus sortables, les Grecs auraient même dit moins barbares... En y pensant, ils n'avaient pas forcément tort, pourquoi exhiber ses attributs sexuels en ville ? Un peu de discrétion ne fait pas de mal, surtout à une époque où l'on reproche aux femmes le port d'une simple jupe, d'un short ou d'un décolleté, jugés trop provocants. Au moins, jamais un petit pénis ne trahira son porteur à travers un jogging ou un short de bain.

Et puisqu'il est question de bain, j'avoue avoir été très étonnée d'apprendre en rédigeant ce livre que certains hommes complexaient de se mettre en maillot de bain à cause de leur trop petite bite. Allez savoir pourquoi, en tant que femme, j'ai toujours pensé qu'il devait être affreusement gênant d'arborer un sexe qui formait une trop grosse bosse sous les vêtements. Cette incursion de « l'obscène » dans le monde des gens habillés me met terriblement mal à l'aise... Je pensais qu'il devait en être de même pour ceux qui n'avaient pas d'autre choix, depuis que le slip de bain est obligatoire dans les piscines publiques, que d'afficher un maillot outrageusement déformé par son occupant... Et pourtant, la mode a évolué...

Quand on procède à un rapide tour d'horizon de la mode masculine de ces dernières années, on constate qu'elle ne va pas du tout dans le sens d'une exhibition de la virilité. Je pense notamment aux tendances vestimentaires de la nouvelle génération de stars. D'aucuns appellent ces nouvelles idoles des *softs boys* et force est de constater qu'ils séduisent de plus en plus les filles entre 15 et 30 ans… Comme leur nom l'indique, les *soft boys* se placent aux antipodes des *bad boys.* Jeunes hommes au corps fluet, assumant leur androgynie, ils jouent avec leur physique en adoptant un look *gender fluid.* Ils misent sur l'ambiguïté en empruntant des éléments au vestiaire féminin. Et malgré leurs colliers de perles ou leurs cardigans en crochet, ils déchaînent les foules comme le firent Sylvester Stallone ou Schwarzenegger dans les années 1980 et 1990. Même le look grunge de Johnny Depp qui a tant séduit ne fait plus recette.

Ils s'appellent Timothée Chalamet, Harry Style, Tom Holland, Shawn Mendes et j'en oublie. Je fais un métier difficile, voyez-vous. Pour le bien de ce livre, j'ai donc épluché quantité de photos de Timothée Chalamet, et notamment celles où il arbore les pantalons les plus moulants. Mon verdict est sans appel : même dans sa très risquée combinaison dos nu en soie rouge portée à la Mostra de Venise en 2022, on ne voit pas l'ombre d'une bosse entre ses cuisses et ce, quels que soient les clichés. J'en déduis que le *soft boy* a aussi pour mission de ne pas mettre en avant son service trois-pièces. Cette vision trop agressive de la masculinité ne collerait pas avec l'image de gentil garçon inoffensif qu'il véhicule. Encore plus extraordinaire : son succès est tel auprès de la gent féminine qu'il peut se payer un luxe qu'aucune grande star hollywoodienne masculine n'avait pu se payer avant lui : ne pas avoir de muscles du tout et s'en foutre royalement. Qu'on prenne l'exemple de Leonardo DiCaprio : lui aussi a commencé adolescent avec un corps de brindille, mais dès qu'il a fallu endosser des rôles d'hommes torse nu, il est passé comme tous les autres par la case muscu. Or notre ami Chalamet arrive sans aucun complexe maigre comme un clou sur le tournage d'un *blockbuster*.

Qu'on ne me fasse pas dire ce que je n'ai pas dit : je n'ai aucune idée de la taille du pénis de Timothée Chalamet… et croyez bien que je le regrette. Je constate néanmoins qu'à l'inverse des stars du rock des années 1970 qui n'hésitaient pas, sur scène, à mettre des petits pains dans leur jean pour exciter les groupies, il se garde bien de montrer quoi que ce soit qui évoquerait son membre viril. Son image de doux androgyne hétérosexuel est très travaillée. M'est avis qu'on n'est pas près de le voir intégralement nu dans un film, mais ce n'est que mon opinion personnelle. L'avenir nous le dira. En attendant, le bellâtre se fait discret sur ses conquêtes féminines. Il faut être un paparazzi aguerri pour le surprendre avec une Lily-Rose Depp ou une Eiza Gonzàlez.

Le clair positionnement de la star en faveur du mouvement #MeToo me donne l'occasion de prolonger la réflexion. Car le phénomène, à l'instar du célèbre Balance ton porc, n'a pas seulement eu l'effet qu'on lui connaît, c'est-à-dire libérer la parole des femmes à propos des violences sexuelles qu'elles subissent de la part de la gent masculine. Il nous a aussi permis de réfléchir, hommes comme femmes, aux notions de masculinité toxique et de virilité. Il a fallu que les hommes se positionnent. Beaucoup l'ont fait, ils ont réagi, et pas seulement de la manière machiste qu'on aime parodier, mais aussi en réfléchissant.

Tous ne sont pas violeurs, dominants, mal intentionnés. Beaucoup n'aspirent qu'à vivre en harmonie avec les femmes, à leur faire plaisir et à en tirer du plaisir en retour.

Où situer la virilité dans notre société ? Peut-on encore, en 2023, brandir le contenu de sa braguette pour se définir comme homme ? Dans une société moderne, où il n'est plus nécessaire d'affronter des tigres à dents de sabre ou des mammouths pour se nourrir, comment exprimer sa virilité ? Ce mot a-t-il ou doit-il encore avoir un sens ? *Le Robert* le définit ainsi : « Ensemble des attributs et caractères physiques, mentaux et sexuels de l'homme adulte. »

Si l'on s'en tient là, tout individu né avec des chromosomes XY ayant développé des caractères sexuels primaires et secondaires masculins devrait être viril. Mais ce terme est aussi le produit de toute une mythologie, d'une construction sociale qui enferme l'homme viril dans un schéma : celui du mec grand, musclé, fort, protecteur, peu émotif. De plus en plus d'hommes avouent combien les injonctions à la virilité sont un poids pour eux. Le patriarcat ne soumet pas que les femmes : il soumet tous ceux qui n'entrent pas dans le cadre du mâle alpha viril façonné par l'histoire. Pendant des siècles, on a poussé les hommes à se construire en opposition avec les femmes, mais aussi en opposition aux autres hommes : les plus faibles, les moins musclés, les plus efféminés… Et si les hommes commençaient tout simplement à dire : stop. Ce serait on ne peut plus légitime.

C'est une thèse très bien développée dans l'ouvrage d'Olivia Gazalé, *Le Mythe de la virilité, Un piège pour les deux sexes* (Robert Laffont, 2017). Le sous-titre souligne l'absurdité de cette virilité portée aux nues pendant des siècles : plus qu'un outil de soumission de la femme, c'est une machine à broyer tous les individus qui ne correspondent pas à la définition faite de l'homme. Or quand on connaît les exigences de la virilité, on imagine bien que très rares sont ceux qui, en dépit de leur vantardise, correspondent à cet idéal.

Le bon sens commanderait d'enfin réagir et faire bouger les lignes. Beaucoup commencent à s'y mettre. J'ai cité précédemment l'ouvrage de Ben Nevert, *Je ne suis pas viril*, dans lequel il expose la nocivité de l'injonction à la virilité, mais aussi la façon dont il s'est construit dans cette atmosphère nocive et a fini par réinventer ses propres codes, invitant à suivre son exemple ceux qui ne se reconnaissent pas dans l'homme-à-gros-muscles-qui-ne-pleure-jamais.

Ne serions-nous pas petit à petit en train de déconstruire la virilité ? Ce que font à leur échelle les influenceurs, les acteurs *soft boys* ou les chanteurs de K-pop (*boys bands* coréens au succès international) n'est-il pas le début d'une redéfinition de l'homme ? Un homme qui ne chercherait ni à prouver sa force par l'exhibition de ses muscles, ni à garantir sa puissance sexuelle par la longueur de son sexe...

J'invite chacun à cogiter sur ce point.

Et figurez-vous que parallèlement à ces questionnements, de plus en plus d'hommes osent parler de la taille de leur pénis et de leur difficulté à se sentir viril à l'ancienne. Des groupes de parole se créent. La sexologue Nathalie Giraud m'a dit avoir remarqué un déliement des langues suite à l'affaire autour de l'œuvre controversée d'Illma Gore. En 2016, la peintre féministe a décidé de représenter Donald Trump nu et affublé d'un micropénis.

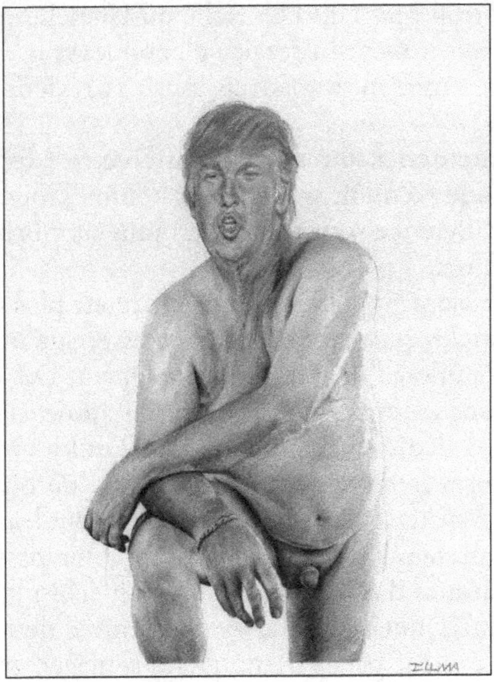

L'œuvre, audacieuse et provocatrice, est vite devenue virale, ce qui n'a pas été du goût des partisans de l'ancien président. La jeune femme a reçu des menaces de procès, mais aussi de mort et de viol… Mais ce n'était rien en comparaison avec le passage à tabac qu'elle a subi en bas de chez elle. Eh oui, voilà ce qui arrive quand on ose sous-estimer la taille d'un pénis : avouez que ces messieurs avaient des raisons légitimes de la frapper… Je me demande à quoi ressemblerait l'humanité si on décidait de tabasser tous les hommes qui se sont moqués ouvertement des trop petits seins ou du trop gros cul d'Unetelle ou Unetelle… M'est avis qu'on croiserait assez peu d'hommes sans coquard. Mais je range mon mauvais esprit et reviens à mon propos.

Coïncidence ou non, depuis cette exposition médiatique d'un micropénis, les hommes touchés par cette différence sont de plus en plus nombreux à se manifester.

Leur cause est plus entendue. On croise plus souvent des articles à ce sujet dans la presse, sur internet. Des hommes et des femmes témoignent. Des forums d'entraide se créent. Il existe même un site de rencontres internet dédiés aux petits pénis : Dinky One. Les mauvaises langues diront qu'il existe de nos jours des sites de rencontres pour à peu près tout le monde : amateurs de poils, théoriciens du complot, passionnés de costumes d'époque, mais en y réfléchissant bien, rencontrer quelqu'un en ayant d'entrée de jeu affiché la couleur peut être un grand soulagement pour un homme. La question est évacuée dès le départ. Si une personne, homme ou femme, a fait la démarche de venir explorer un tel site, c'est qu'elle n'a aucun a priori sur la taille.

D'autres activités attirent des hommes désirant développer une sexualité moins phallocentrée, dont certains sont porteurs de petit pénis : on les croisera dans des séminaires de bien-être comme des stages de tantra ou encore d'initiation au plaisir prostatique. Le tabou a moins sa place dans ces cocons où l'on sait que l'on trouvera des interlocuteurs bienveillants.

Cette implication des hommes dans la recherche de nouvelles sources de plaisir me donne l'occasion de signaler une chose essentielle : jusqu'à présent j'ai beaucoup parlé du pénis comme d'un « pourvoyeur de plaisir » pour l'autre, simplement parce que lorsque les hommes consultent pour un micropénis, c'est ce qu'ils mettent en avant en premier. Mais cela ne doit pas laisser penser que c'est là sa fonction première. Soyons clairs : ce n'est pas du tout mon avis. Un pénis, quelle que soit sa taille, est avant tout une source de volupté pour son propriétaire, qui doit se montrer capable de suffisamment l'aimer pour en tirer du plaisir. Voilà pourquoi c'est souvent par cette réconciliation avec eux-mêmes, passant par des caresses onanistes, que commence la thérapie des hommes complexés.

LES PETITES BITES SONT DE TRÈS BONS COUPS!

J'ai conscience que l'affirmation peut paraître osée. Pourtant c'est un fait: parmi toutes les femmes que j'ai interrogées, peu gardent un mauvais souvenir de leur nuit ou de leur relation avec un homme au pénis modeste. C'est même souvent le contraire…

Qu'ils soient passés par la case sexologue ou qu'ils aient tout simplement appris sur le tas à utiliser au mieux ce que la nature leur a donné, la plupart n'ont pas de difficulté à faire monter la température dans le lit. Non seulement ils ont intégré que se servir de leurs doigts et de leur langue est un atout important et souvent négligé pas les porteurs de grosses bites, mais ils savent aussi comment utiliser leur petit sexe afin de combler leur partenaire. Quand on les interroge, la plupart du temps, ils l'ont appris au contact des femmes. J'enfonce une porte ouverte en déclarant que c'est la communication qui fait progresser les individus dans le sens d'une sexualité épanouie. Les sexologues disent que la sexualité humaine n'est pas innée, elle s'apprend et ce, tout au long de la vie. Par conséquent, arrivé à l'âge pubère, quand les pulsions se font ingérables et qu'il passe à l'acte, l'homme sait généralement peu de choses sur le fonctionnement du plaisir féminin. Il connaît des termes, a peut-être regardé des schémas, a forcément vu trop de porno. Mais cela ne constitue pas, loin de là, une éducation sexuelle.

Or, qu'apprend-on, quand on se renseigne un peu sur le plaisir féminin?

Tout d'abord, qu'un gros pénis n'a jamais envoyé une femme au septième ciel et que ceux qui le pensent vont droit dans le mur : combien de femmes se plaignent en effet de ce que leur amant bien membré mise tout sur sa taille et ne cherche pas plus loin ?

Puis on apprend qu'il existe plus d'une source de plaisir, et que ce dernier dépend de plusieurs facteurs : le bien-être, le désir, l'excitation, les sentiments, la stimulation, l'orgasme… et parfois la pénétration.

Oui, la pénétration peut compter pour une femme. Notez que je n'irais pas jusqu'à dire qu'elle compte pour toutes les femmes. Une majorité de femmes atteignent l'orgasme par stimulation du clitoris et non par la seule pénétration, mais cela ne signifie aucunement que la pénétration est accessoire ou désagréable et ne peut constituer un ingrédient du plaisir… Le plaisir féminin est multiple, il naît des associations, du rythme, des mots, bien plus que de la « quantité » proposée au menu. Mais encore faut-il s'y intéresser et se renseigner pour commencer à maîtriser cet art de l'amour.

Un exemple vaut toutes les théories. Laissons parler Adrien, 29 ans :

« D'après les mesures, je n'ai pas un micropénis, mais je dirais qu'il est dans la moyenne basse. À la puberté, j'ai constaté que je n'avais pas l'engin d'un hardeur, mais puisqu'on sait que c'est du cinéma, je me suis rassuré en me disant que les filles qui me plaisaient au lycée n'avaient pas non plus des énormes seins siliconés ou un cul tellement bombé qu'on peut y déposer un pot de fleurs. Du coup, lors de mon premier rapport sexuel, mes préoccupations étaient celles de n'importe quel adolescent : bander dur et durer un maximum (et aussi trouver ce fameux clitoris sans le confondre avec l'urètre ou un autre renflement de la vulve). C'était aussi la première fois pour ma petite amie et je crois que ça n'a été sensationnel pour aucun de nous deux, mais la taille de mon sexe n'a pas été mise sur le tapis, ni ce jour-là, ni quand on a rompu (pour des raisons extérieures au sexe). Je crois que j'ai eu la chance de rencontrer des partenaires qui n'ont pas fait de commentaires sur mes attributs ; il faut dire que je ne suis pas un Don Juan non plus, je n'ai jamais cherché à multiplier les conquêtes, mais plutôt à me lier à des femmes importantes pour moi, des femmes que j'admirais pour leur beauté, leur intelligence, leur facilité à évoluer en société. Bref, je n'ai pas connu des tonnes de meufs. Ma deuxième chance est d'avoir toujours fait confiance aux femmes. Je ne pars pas du principe que je sais tout, que je suis un sur-mâle. Donc j'ai toujours privilégié la communication avec mes copines. C'est comme ça que j'ai compris déjà, qu'il n'y avait pas qu'un type de femmes et qu'il faut se renseigner sur les goûts et préférences de chacune. Une fois qu'on a intégré ça, ça devient facile et naturel de donner du plaisir avec son sexe, sa langue, ses doigts, ou même des sex-toys. Je suis assez à l'aise avec ça. Comme je n'ai pas la prétention de détenir un énorme gourdin, je ne me vexe pas si on me suggère d'utiliser un vibro, un gode… Ma chérie, avec qui je suis depuis quatre ans, dit qu'elle a rencontré des mecs qui ne supportaient pas qu'elle se masturbe pendant le coït. Ils avaient l'impression de ne pas lui suffire. Moi ça m'excite beaucoup ! Du coup, elle aime mon ouverture d'esprit et ne ressent pas de gène ni de jugement avec moi. Elle a ajouté qu'elle ne pourrait plus coucher avec un affreux macho après moi… Personnellement, ça me suffit comme compliment. Ah oui, je conclus sur une anecdote : la seule fois où j'ai abordé la taille de mon sexe avec elle, sa réaction a été de m'engueuler : "Tu ne vas pas t'y mettre avec ces histoires de 'j'ai pas une bite assez grosse !'", et d'ajouter : "Tu sais que c'est vexant pour moi, que ça me réduit à un trou ?" Je n'ai jamais été aussi content qu'on s'embrouille. »

Le témoignage d'Adrien illustre parfaitement l'importance de la bienveillance et de l'écoute pour être en harmonie avec sa moitié. Son expérience montre que savoir se comporter comme un gentleman au lit est une qualité bien plus recherchée qu'on ne l'imagine. À côté de cela, la grosse bite qui, souvenez-vous, n'a pas plus de conversation que de prévenance, ne fait pas le poids.

On ne le dira jamais assez : la communication est la clé d'une sexualité épanouie. Il ne doit pas y avoir de tabous, pas de honte à se renseigner auprès de son partenaire. S'il est vrai qu'on peut apprendre dans des livres, à travers des discussions en société, rien ne vaut la communication directe. Personne n'est un bon coup par nature, et encore moins les grosses bites. J'aurais même tendance à dire qu'on n'est jamais un bon coup en soi, on l'est avec et auprès d'un individu spécifique. Le cul, c'est avant tout une affaire d'équipe.

On pourra objecter à mon discours que souvent les témoignages d'hommes à petites bites qui ont une sexualité épanouie sont aussi ceux qui n'ont qu'une partenaire, depuis plus ou moins longtemps. Cette idée sous-tendrait que lorsque l'homme à petit sexe aurait eu la chance de trouver une femme qui « l'accepte », il n'en changerait plus. Il me semble qu'en raisonnant ainsi on prend le problème à l'envers. Avoir un petit sexe va pousser les hommes à davantage communiquer et c'est cette communication, et non la taille du sexe qui fait durer la relation, à mon sens.

Permettez-moi l'illustrer cet argument par une remarque personnelle. J'ai souvent du mal à comprendre l'intérêt des « coups d'un soir ». Entendons-nous bien, je conçois que cela peut apporter une satisfaction immédiate du désir ou de l'ego. Mais si l'on parle de plaisir pur et partagé… Ce n'est pas en couchant une fois avec quelqu'un qu'on a le temps de faire le tour de son tempérament sexuel et qu'on en tire le meilleur. Nous avons presque tous et toutes une retenue naturelle face à l'inconnu, laquelle sera plus ou moins marquée en fonction de notre tempérament. Les femmes, malheureusement encombrées de beaucoup de complexes induits par une société de paraître implacable envers l'imperfection féminine, sont les plus sujettes à cette timidité au début. C'est donc en donnant sa chance au couple que la sexualité a le plus de chance de s'enrichir avec le temps et les échanges.

Oui, la communication est une clé du bonheur sexuel. Toutefois, je ne voudrais pas laisser croire que les hommes affligés d'un petit pénis n'ont pas d'autres choix que ce dernier car ce serait minimiser leurs autres talents. Maîtriser certaines recettes de plaisir n'exclut pas de savoir se servir de son pénis, même modeste.

Lisez donc l'avis d'Héloïse, 40 ans, sur cette question :

« Ça va peut-être surprendre : quand j'ai eu ma première expérience sexuelle avec Jérôme, je savais qu'il n'avait pas un gros sexe et je n'avais pas de préjugés là-dessus. Je l'avais déjà vu nu (le contexte était un peu particulier, c'était un club échangiste, je l'avais juste vu passer… mais pas "à l'œuvre") et ce qui m'avait frappée en premier, c'était son très beau corps : grand, large d'épaules, musclé sans exagération, pilosité virile. Il avait tout pour me plaire. J'avais rarement rencontré un homme aussi bien fait, sa physionomie parlait directement à mes hormones. J'avoue que je m'étais fait la réflexion qu'il n'était pas très bien membré en comparaison de tout ce que mère nature lui avait donné. Je m'étais souvenue avec un sourire d'une blague très bête qu'on se racontait au lycée et qui se terminait par "autant de dynamite pour une si petite mèche" (réflexion faite par une prostituée à son client peu gâté par la nature après qu'il lui avait montré tous ses beaux muscles). Ce constat n'a absolument rien changé à ma détermination : j'avais très envie de cet homme. L'occasion s'est présentée quelques semaines plus tard. Quand nous nous sommes retrouvés tous les deux, la sensualité l'a emporté sur tout le reste. Le désir fort que je ressentais pour lui m'avait déjà fait oublier cette histoire de petit pénis. Je n'y pensais plus du tout quand, après de longs préliminaires, est venu le moment de la pénétration. Pour être honnête, je dirais ceci : si je n'avais jamais vu son pénis avant cela, je n'aurais pas été capable d'estimer sa taille à travers ce que je vivais à cet instant. Les sensations étaient là, elles étaient même très intenses. Jérôme s'est avéré un amant fougueux, très fougueux. Si je dois entrer dans les détails : il avait un jeu de hanches plus puissant et dynamique que tous les hommes que j'avais rencontrés avant lui, peut-être parce qu'il était très sportif et assez musclé. Avec du recul, je me rends compte que le fait d'avoir un sexe court était sûrement un avantage pour lui. Il n'avait pas à contrôler la profondeur de la pénétration, et le contact entre son pubis et le mien (et donc avec mon clitoris) se faisait naturellement et puissamment à chaque poussée. J'ai eu dès le premier soir de multiples orgasmes pendant la pénétration, ce qui ne m'était jamais arrivé avant lui, en tout cas sans que j'aie à me toucher.

Après cette nuit, nous sommes restés assez longtemps ensemble et je l'ai toujours considéré comme un homme très viril, très porté sur le sexe. Jamais la taille de son pénis n'a remis en question la perception que j'avais de lui.

À vrai dire, depuis, je n'ai jamais rencontré un homme alliant ces deux qualités : un petit sexe et un jeu de hanches dynamique… Dommage, c'était la combinaison parfaite pour m'emmener vers des orgasmes multiples. »

J'ai interrogé Héloïse plusieurs heures avant de vous restituer son témoignage. Elle a souligné un détail intéressant : avec ce partenaire au sexe court, elle se sentait en sécurité. Elle avait connu des expériences assez peu satisfaisantes de pénétration par le passé (elle avait souffert de vaginisme au début de sa vie sexuelle), et je ne crois pas trop m'avancer en affirmant que le phallus lui faisait un peu peur. Elle était farouchement hétérosexuelle, amoureuse des hommes, mais quand venait le moment du coït, le souvenir de ces moments douloureux brouillait un peu ce qu'elle ressentait. Elle se montrait timide, sur ses gardes, dans la retenue, ce qui l'empêchait d'exprimer son vrai tempérament. Or avec Jérôme, elle n'avait plus d'appréhension. Elle se rendait même compte qu'elle pouvait prendre du plaisir à des mouvements très dynamiques qui lui semblaient impraticables avant.

OSER PLUS ?

Voilà messieurs, tenez-vous-le pour dit : avoir un petit sexe, c'est aussi une garantie de pouvoir oser plus de choses au lit. Vous pourrez multiplier les ébats sans trop échauffer les muqueuses de votre partenaire ou encore vous essayer au *rough sex* sans crainte de faire mal (si toutefois vous vous êtes renseigné sur le confort de votre partenaire au préalable). Amis pervers, je suis sûre que vous me voyez venir avec mes gros sabots? Oui, oui, un petit sexe est aussi un atout si vous voulez vous essayer à la sodomie avec une compagne peu habituée. Entendons-nous bien, il ne s'agit pas de lui dire: «Allez quoi, tu as vu ma petite queue, t'auras pas mal.» Non, car les blocages liés à cette pratique ne sont pas uniquement physiques. Néanmoins, être moyennement membré jouera en votre faveur, tant pour qu'elle commence à fantasmer sur cette pénétration que pour le passage à l'acte... et qui sait? Si vous êtes un parfait gentleman, c'est elle qui vous invitera à partager avec elle ces plaisirs défendus.

Petite anecdote personnelle: quand j'avais une vingtaine d'années, un garçon aux cheveux longs jusqu'aux reins traînait souvent dans un de mes cercles d'amis. Il avait le profil parfait du Don Juan inconséquent: versatile, mythomane sur les bords, fou amoureux le soir et déjà reparti le lendemain, il aimait dire pour enjoliver sa tendance à passer de lit en lit qu'il tenait à laisser à ses amantes le souvenir d'un «rêve évanescent». Un jour, Cédric, puisque c'était son nom, s'était mis en tête de me draguer. Il avait réussi à obtenir mon téléphone par une tierce personne. Je me suis mordu les lèvres pour ne pas rire quand il m'a dit au téléphone: «Tu sais, avec mon sexe petit et fin, je te sodomiserai sans aucune douleur.» Loin d'être convaincue, je me suis hâtée de raconter sa belle tirade à une autre de ses prétendantes du moment à qui il avait dit exactement l'inverse : « Tu sais, en revanche, si tu aimes la sodomie, ce ne sera pas possible avec moi, mon sexe est beaucoup trop gros ». Notre curiosité désormais piquée, nous avons cherché une fille avec qui il avait réellement couché pour faire toute la lumière sur cette affaire – ce qui n'a pas été très compliqué. L'enquête conclut qu'il avait bel et bien un petit sexe, mais je ne saurais vous dire à quelle fréquence il pratiquait la sodomie. Moralité : on peut avoir une petite bite et être un connard prétentieux. Qu'on se le tienne pour dit : je ne fais pas l'éloge de toutes les petites bites, mais des petites bites courtoises.

Heureusement, tous les Don Juan n'ont pas ce mauvais esprit. Quoi de mieux pour vous en convaincre que le témoignage suivant :

« Je n'avais jamais été confrontée à un homme à micropénis avant Guillaume. Mes copains étaient soit très classiques en termes de taille et d'épaisseur, soit dans le cas de Jérémy, monté comme un âne : son surnom était "queue de cheval" alors qu'il n'a jamais eu les cheveux longs. Guillaume est un bellâtre qui sait parfaitement qu'il plaît aux femmes, et rien dans son physique ne laisse supposer qu'il a un micropénis. Il fait un peu plus d'un mètre quatre-vingts, n'est pas particulièrement fin, et ses mains sont normales (coucou la team "tu peux déduire la taille de la bite d'un mec à ses doigts").

Guillaume est ultra-confiant, en toute situation. Je passe une soirée avec lui, et ce qui doit arriver arrive. Les préliminaires sont vraiment de très grande qualité et durent longtemps. On sent bien que la pénétration n'est pas le but recherché et que l'avant n'est pas une simple formalité. C'est tellement bien que je suis celle qui manifeste l'envie qu'on passe aux choses sérieuses, puisque je suis chauffée à blanc. Je me frotte et me contorsionne le plus possible, comme on le ferait pour réveiller un mort. Mais il choisit de résister, visiblement par jeu. C'est un jeu dangereux, parce que je pourrais mal le prendre, me lever et tout arrêter net – d'ailleurs j'aimerais avoir cette capacité, mais ça ne sert à rien de faire semblant : si on me donnait le choix entre cette pénétration, là, maintenant ou un château, je prendrais la première option (je suis faiiiiible). Bref, je continue d'essayer de le tenter et vient enfin le moment où il arrive sur moi. Et là, LÀ, je sens bien quelque chose en moi, mais c'est un doigt, je dirais (et encore, pas le majeur, hein). Je suis tellement stupéfaite par ce que je ressens que machinalement je cherche des yeux ses mains, parce que je ne comprends pas comment un doigt peut se trouver dans mon vagin alors même que tout laisse penser que ce sont maintenant les choses sérieuses !

En tournant la tête à gauche puis à droite, je me rends compte que ça ne peut pas être un doigt ! Terrible ! Je ne sens quasiment rien ! Bon, je me dis que je vais donc m'emmerder sec pour les vingt minutes qui viennent. Je le crains d'autant plus qu'en vrai je n'ai jamais joui avec une pénétration vaginale. J'ai fréquemment trouvé ça très agréable, voire vraiment bien mais jamais d'explosions comme le clito sait les procurer (à tel point que je doute de la sincérité de mes copines quand elles me parlent de leurs orgasmes vaginaux).

Bref, j'en suis à penser à des choses et d'autres en attendant que tout cela finisse. Je ne suis plus du tout excitée, totalement passée à autre chose dans ma tête, quand soudain, j'ai une sensation un peu étrange dans le vagin justement. Elle est lointaine, subtile mais bien réelle. J'oublie ma liste de courses à faire parce que cette sensation m'interpelle vraiment. Je me concentre dessus, en essayant de comprendre ce qui se passe. Plus je me concentre, plus j'arrive à ressentir cette fameuse sensation qui devient de plus en plus affirmée jusqu'à ce qu'elle occupe tout l'espace de mes pensées. Un truc qui emporte tout sur son passage ! Pour ne rien gâcher, Guillaume est particulièrement endurant, et comprend que je suis réceptive, donc il en joue.

Encore aujourd'hui, après plusieurs années, je ne sais pas ce qui faisait que Guillaume était si efficace alors qu'il avait un micropénis. Je ne sais pas si c'est le hasard, ou s'il savait particulièrement bien s'y prendre, ou encore s'il avait cherché à compenser sa nature peu avantageuse a priori, mais toujours est-il que je n'ai jamais retrouvé cette sensation avec d'autres… »

(Caroline, 47 ans)

J'avoue très bien connaître Caroline puisque c'est une amie chère. Je la connaissais déjà quand elle fréquentait le fameux bellâtre, je peux vous dire que la passion qu'il avait allumée chez elle n'était pas feinte et que le niveau de ses performances sexuelles comptait pour beaucoup dans son engouement. Je me souviens d'ailleurs qu'elle vantait tout particulièrement son attitude pendant leurs moments intimes : sa fougue, sa confiance, son enthousiasme, ses manières audacieuses et respectueuses. Il avait une façon très particulière de jouer avec les limites de l'autre, les approchant, les effleurant pour mieux se rétracter ensuite. Elle me confiait combien elle avait rarement rencontré quelqu'un avec qui la « conversation sexuelle » était aussi excitante.

J'aimerais justement développer ce point : l'expression du désir.

Concernant le désir, messieurs, avez-vous la moindre idée de l'aspect primordial et pourtant négligé de cette étape ? Et il n'est pas ici seulement question de vous rendre désirable, mais aussi de communiquer votre propre désir. Si je devais donner un seul et unique truc aux hommes pour ouvrir la porte de l'excitation féminine, ce serait celui-ci : la façon dont un homme exprime son désir pour une femme est un facteur d'excitation extrême, sans doute celui qui compte le plus, et qui n'a aucun rapport avec la taille. Comment pourrait-il en être autrement, puisque cela peut être fait nu ou tout habillé, proches ou éloignés, à l'écrit, à l'oral ou que sais-je. Mais c'est surtout à l'instant T, celui où l'homme et la femme désirent engager un rapport sexuel, que tout se joue… c'est à cet instant qu'exprimer son désir prend une dimension des plus érogènes. Celui qui fait cela avec talent, avec les bons mots, les bons gestes, la bonne ivresse, n'imagine pas à quel point il maîtrise une sorte de formule magique capable d'ensorceler ses partenaires. Je l'ai déjà dit, beaucoup trop de femmes, de nos jours, grandissent avec des complexes. Même parmi les femmes les plus belles, les plus affirmées, peuvent se cacher des petites filles complexées. Celui qui est capable de déverrouiller ces complexes par l'affirmation sincère et puissante de son désir est mille fois plus susceptible de faire monter la température que celui qui se contente de sortir un gros membre.

Quant à l'excitation… il y a mille et une façons de la déclencher. Les baisers, les caresses, les fameux « préliminaires » sont des valeurs sûres, mais vous pouvez faire mieux ! Cantonner la montée du désir aux zones érogènes est une erreur de débutant, si j'ose dire. Je n'écris pas ici un livre sur le plaisir féminin, aussi ne vais-je pas rédiger des pages et des pages que d'autres ont déjà rédigées mieux que moi. Mais, afin de vous donner une idée de la richesse de la sensualité féminine, laissez-moi vous révéler cela. J'écris des textes érotiques depuis bientôt 15 ans, et ce faisant j'ai conscience de proposer à ma manière un travail thérapeutique. D'ailleurs, tous les thérapeutes que j'ai interrogés m'ont dit combien la littérature érotique était bénéfique au couple. Ils ont l'habitude de conseiller à leurs patients, hommes comme femmes, d'en lire pour ouvrir leur imaginaire. Bref, j'affirme qu'une femme peut être excitée par des mots couchés sur une feuille de papier…

(notez que susurrer à l'oreille, c'est très efficace aussi !) Considérant cette incroyable capacité des femmes à investir le domaine sexuel par une simple évocation, ne trouvez-vous pas à la fois insultant et prétentieux de croire que seul votre pénis est à même de faire le job ?

ET S'IL ÉTAIT TEMPS D'ÉTENDRE LE CHAMP DES POSSIBLES ?

Ceux qui suivent un peu l'actualité sexo ont sûrement remarqué un courant encourageant de plus en plus à décentrer la sexualité des organes génitaux.

Ici, on nous conseille de développer nos énergies sexuelles avec le tantrisme. Là, on déclare la pénétration *has been* pour ne pas dire totalement misogyne.

Maïa Mazaurette ne cesse de le répéter dans ses chroniques et ouvrages : « Pour atteindre l'orgasme féminin, arrêtez la pénétration. »

Et elle n'est pas la seule à prôner cette révolution sexuelle, d'autres incluant des hommes, s'y mettent aussi comme Martin Page, auteur de *Au-delà de la pénétration* (Le Nouvel Attila, 2020).

Citons un passage : « Le but de la pénétration n'est pas vraiment le plaisir des deux partenaires, mais généralement celui de l'homme, puis éventuellement celui de la femme (d'ailleurs la pénétration cesse généralement quand l'homme a atteint son plaisir). C'est l'instauration d'une relation inégalitaire comme modèle ». Et ce dernier d'ajouter : « Si la sexualité était une question de plaisir, les femmes seraient moins pénétrées et les hommes le seraient davantage. »

Il va sans dire qu'avec cette nouvelle tendance, la taille du pénis devient totalement anecdotique.

Il serait donc profitable à tous de s'inspirer de ces sages paroles : les femmes évidemment pour tous les bénéfices qu'elles peuvent en tirer, et les hommes, afin de cesser de vivre sous la pression constante de la performance.

Mais si l'on ne se pénètre plus, qu'est-ce qu'on fait ?

Quantité de choses ! Il suffit d'ouvrir notre imaginaire et de nous réapproprier un corps né pour le plaisir dans son entièreté. Je laisse la parole à Maia Mazaurette :

« Nous n'utilisons qu'un faible pourcentage de nos possibilités de jouissances, nous sommes en sous-régime total. La pop culture, la littérature, le cinéma véhiculent une image très standardisée de nos relations sexuelles : les mêmes quatre étapes – baiser, fellation, cunnilingus puis pénétration –, les mêmes quatre positions – missionnaire, levrette, cuillère et amazone –, les mêmes quatre fantasmes – sexe dans la nature, BDSM, pratiques de groupe, exhibition. »

Dans son livre *Sortir du trou, lever la tête* (Anne Carrière, 2020), Maïa Mazaurette parle beaucoup du regard, du toucher, des sentiments, d'un retour nécessaire à la sensualité.

« On a tellement focalisé sur les organes génitaux et sur rien d'autre ! Or si on oublie la peau par exemple, on est mal parti. Il faut prendre son partenaire dans son entier, c'est-à-dire son squelette, ses organes, son afflux sanguin, son cerveau, ses émotions, etc. Les gens pensent que les massages sont ennuyeux, alors qu'il existe une vraie diversité dans les techniques et les effets. Une bonne exploration de l'autre et de soi se fait dans la durée.

La peau : tout passe par la peau. Pas seulement les muqueuses, les organes génitaux. Massage, léchouilles. »

Pour illustrer la beauté de cette sensualité prônée par Maïa, j'ai décidé de vous livrer un témoignage personnel. Il y est question d'un garçon rencontré lorsque j'avais 23 ans et qui a révolutionné par bien des aspects ma manière d'envisager le sexe.

Quand j'ai connu T. j'avais assez peu d'expérience sexuelle, elle se limitait à quelques préliminaires très vite expédiés (généralement le garçon croyait cibler mon clitoris avec sa main, ses doigts ou sa langue mais c'était très approximatif et trop rapide), un coït et basta. Je ne leur donne pas de leçon, ils faisaient de leur mieux avec leurs acquis. Avec T., j'ai d'abord été déstabilisée : son approche du corps de l'autre était très sensuelle, absolument différente de ce que j'avais déjà connu. Au départ, j'ai presque eu un effet de rejet tant cela ne ressemblait à rien de ce que je pensais attendre d'un homme. Si l'on m'avait interrogée à ce moment-là, j'aurais dit qu'il se comportait comme une femme et que cela me mettait mal à l'aise. Aujourd'hui je dirais simplement que son registre premier était davantage sensuel que sexuel. Avec lui, il n'y avait pas de menu classique. En somme, on ne passait pas directement des baisers au génital. Nos premiers rapports sexuels ont duré plusieurs nuits sans qu'il y ait de pénétration. Pourtant je compte ces nuits parmi les plus érotiques de ma vie, et j'estime que c'était de très beaux et très épanouissants rapports sexuels. Nous explorions nos corps, nos peaux. Cela passait par des caresses, des baisers, des léchouilles, des massages. Et des mots, bien sûr : nous communiquions beaucoup sur nos sensations. Il tâchait de découvrir ce à quoi j'étais réceptive, il menait son enquête, persuadé que chaque individu était différent, et qu'il fallait trouver la clé du plaisir de chacun. Pour donner un exemple, c'est ainsi que j'ai découvert que la stimulation des plis du coude ou des genoux faisait chez moi un effet incroyable, encore plus si on l'ajoutait à une stimulation génitale… là, mon plaisir était décuplé. Aujourd'hui il m'est encore difficile d'expliquer, alors que nous échangions aussi des caresses génitales très satisfaisantes et menant à de nombreux orgasmes, comment la pénétration ne nous est pas apparue essentielle. Disons que nous ne nous sentions pas au devoir d'y répondre comme à une injonction. Mais il est évident que toute cette dynamique venait de lui. À 20 ans, si ce n'est pas l'homme qui propose une sexualité moins pénétrante, il est rare que la femme ait le courage ou même l'idée de la suggérer elle-même. C'est parce qu'il me faisait comprendre qu'il était comblé aussi comme ça, que je ne me suis pas précipitée sur sa bite. Lui-même était très demandeur de baisers, de massages et de caresses non génitales, il devenait fou après quelques minutes de bisous dans le dos. À la lecture de cette expérience, de mauvais esprits pourraient dire que peut-être monsieur avait des raisons physiologiques de ne pas aller plus vite vers la pénétration (petit sexe, mauvaise érection, éjaculateur précoce, etc.), mais sachez qu'il n'en était rien. Outre son intelligence et, je pense, un désir marqué de ne pas se conformer à la meute, il m'a fait un aveu, que je vous livre ici : jamais de sa vie il n'avait vu un film porno. L'occasion s'était présentée lors de soirées entre potes. Mais il avait refusé. Cependant ce n'était pas une oie blanche. Il avait commencé très jeune à s'intéresser aux filles et à avoir des rapports avec elles, dès 14 ans, je crois. Et comme il le disait : « Je leur ai beaucoup parlé, et surtout je les ai écoutées. » En fait, il n'avait aucun schéma sexuel en tête et avait construit sa sexualité par le biais de l'expérience et de la communication. Or cette expérience n'avait pas été dans le sens d'une sexualité purement ciblée sur les parties génitales. Au bout de quelque temps, la pénétration s'est imposée d'elle-même – car j'ose croire qu'il y a aussi une petite part d'instinct dans le rapprochement des sexes –, mais nous n'avons jamais perdu l'habitude de nos longues explorations, elles faisaient partie intégrante de nos jeux sexuels.

Afin de ne pas trop nous éloigner du sujet, j'ai envie d'ajouter une information à propos du fameux T.

Un jour, alors que nous parlions de choses et d'autres, il m'a confié avoir connu assez jeune, quand il avait 17 ans, une fille complètement obsédée par les grosses bites. Elle n'avait même pas eu besoin de lui dire, il l'avait compris immédiatement en entrant chez elle. Sur ses étagères trônaient plusieurs statuettes ithyphalliques aux pénis disproportionnés, sans parler d'une jolie collection de godemichés surdimensionnés qu'il avait découverte plus tard.

Petite parenthèse : j'ai interrogé des sexologues sur l'existence de ce type de femmes, ils m'ont dit n'en avoir jamais rencontré. En séance, il est très rare (environ un cas sur 100) qu'une femme se plaigne de la taille du pénis de son partenaire, et ce n'est jamais l'unique raison invoquée pour expliquer la frustration qu'elle ressent dans sa vie sexuelle.

En conclusion : T. n'avait vraiment pas eu de chance de tomber sur cet OVNI obsédé car, non contente d'exhiber des phallus partout chez elle, elle a bien sûr dévalorisé celui de T., lui disant combien sa taille était insuffisante pour la rassasier. J'ajoute qu'ayant bien connu le bonhomme, je peux affirmer que sa verge se situait clairement dans la moyenne haute – environ 18 cm –, assortie d'une bonne largeur. Mais puisqu'il était jeune, et manquait de moyens de comparaisons (souvenez-vous qu'il n'avait jamais vu un film porno), il y a cru et ça l'a rendu ultracomplexé. Dans quelle mesure a-t-il choisi de développer tous les talents précédemment évoqués à cause de ce traumatisme ? Il ne l'a jamais affirmé en ces termes, mais j'ai de bonnes raisons de penser que cela a pu participer à son envie de mieux connaître le plaisir féminin.

Et si le lecteur n'est toujours pas convaincu, après ces quelques pages d'éloge des petites bites, pas plus qu'il ne l'est par l'idée d'une sexualité moins phallocentrée, j'ai décidé de garder pour la fin ce témoignage, qui n'aborde pas exactement le même sujet, mais illustre magnifiquement le peu d'importance du pénis dans l'épanouissement sexuel féminin :

« Je n'avais jamais vraiment réfléchi aux implications qu'entraînait le fait d'être paraplégique, notamment au niveau sexuel. J'ai juste vu un mec en soirée dont je trouvais le visage vraiment très beau. L'euphorie aidant, je suis allée lui parler, et vu qu'il était drôle, cultivé, spirituel et visiblement pas désintéressé par ce que j'ai essayé de lui transmettre avec mon regard insistant, il cochait toutes les cases.

On finit par s'embrasser, et comme je n'habite pas loin et que le pire qu'il pourrait me faire correspond à ce que je souhaite absolument, je lui propose de venir chez moi, ce qu'il accepte.

Je n'ai donc strictement rien anticipé, même pas l'architecture de mon immeuble parisien des années cinquante, aux petites marches qui sortent de nulle part et aux couloirs trop étroits pour un fauteuil roulant. Arrivé devant ces obstacles, Antoine ne se défait pas de son air léger et jovial, se met au sol, rampe et me demande de prendre son fauteuil. Forcément, ça brise la distance et nous fait bien marrer.

Une fois chez moi, nous allons directement au spot le plus confortable de l'appartement : mon lit. Les choses s'enchaînent rapidement, je ne réfléchis même pas à ce qui peut bouger, ce qui ne peut pas, ce qui est sensible, ce qui ne l'est pas. En fait, Antoine est entreprenant et visiblement aussi motivé que moi, donc pas le temps de se poser de question. Je ne saurais dire si c'est sa très fine attention aux réactions du corps de l'autre, ni même si tous les paraplégiques sont aussi doués, mais il sait précisément quoi faire, quand et comment, et ce, à tous les niveaux, avec une joviale lubricité qui mettrait le feu aux esprits les plus sages.

À un moment, je me suis dit que j'allais lui rendre la pareille, j'essaie donc de descendre une de mes mains vers le bas de son torse. Il ne m'en empêche pas mais m'explique rapidement que je n'aurais rien de sensible à y trouver, en rigolant à moitié. Aucune gêne à aucun moment. Top. Donc tout se concentre sur moi, et sur lui bien entendu, mais uniquement jusqu'aux tétons puisqu'après, c'est peine perdue… et c'est là que je comprends que les mecs ne se réduisent pas à leur package bite/couilles et que leur bouche, leur cou et leurs tétons sont au moins aussi sensibles que les nôtres. Je comprends autre chose : je n'ai en aucun cas besoin d'avoir un rapport avec quelqu'un qui a une bite (enfin, réelle, je veux dire, parce que forcément après on essayera plein de jouets ensemble), pour kiffer à mort ni bien m'amuser. Antoine, bien qu'il n'ait jamais eu l'occasion de se servir de ses bijoux de famille (son accident étant arrivé pendant son enfance), possède un esprit parfaitement mal tourné et il adore le sexe. C'est drôle, parce qu'en ayant eu avec lui une relation amoureuse qui a duré plusieurs années, on m'a souvent demandé comment ça se passait dans l'intimité, me laissant entendre parfois comme mon abnégation (supposée) était noble voire sacrificielle… Ahahahah, bande de fous ! Systématiquement je répondais la même chose : en premier lieu, c'est sans doute mon meilleur amant (à en juger par le nombre de fois que je le sollicite, ce qui est un excellent indicateur). Zéro panne, zéro pause, nada, donc parfait pour les femmes. Ensuite, le fait que l'apogée du truc n'est pas une pénétration classique permet aussi de libérer tout ce qu'il est possible d'envisager, de tester, etc. Donc c'était loin d'être un geste de charité de ma part. Juste pour la petite histoire, je n'ai jamais trouvé aussi efficace ensuite avec des valides, même s'ils étaient tous très attentionnés et actifs. »

(Maud, 44 ans)

Sexualité et handicap… Voilà qui ouvre une belle voie de réflexion. Avis aux amateurs.

Ce témoignage a le mérite de décentrer le rapport sexuel du sacro-saint phallus, mais j'ai conscience qu'il ne pourra pas convaincre tout le monde. Dans le cadre de mes recherches, j'ai interrogé beaucoup de femmes : si elles affirment en majorité jouir grâce à leur clitoris, beaucoup tiennent encore à la pénétration. Peut-être ont-elles été formatées par et pour ça, peut-être n'ont-elles pas connu les bons amants, ceux qui auraient pu les diriger vers une sexualité qui incluait tout le corps et pas uniquement les organes génitaux ? Il n'empêche que ce sont des femmes sexuellement actives, dont les désirs et aspirations comptent. On ne va pas balayer le coït d'un revers de la main sous prétexte que ce n'est plus la mode, au risque d'en frustrer plus d'une. En résumé, vous m'aurez comprise : le sexe décentré de la pénétration doit être considéré comme une option, une idée récréative, pas une obligation.

CONCLUSION

Nous traversons une époque formidable, au cours de laquelle les lignes bougent sur les questions de féminisme, de genre et d'acceptation de soi. À l'heure où les femmes revendiquent à juste titre de ne plus être des objets, jugées sur leur apparence, la forme de leurs seins ou de leurs fesses, il est grand temps que les hommes aussi cessent d'être réduits à leurs attributs sexuels. Ce n'est que lorsque nous accepterons le corps de l'autre pour ce qu'il est et non pour ce que nous fantasmons, que nous pourrons réellement parler d'égalité entre les sexes.

Je ne sais si j'ai réussi en quelques pages à convaincre mon lecteur et ma lectrice, ni si la bienveillance dont ont fait preuve tous mes interlocuteurs sera communicative. Mais leurs paroles me donnent espoir de voir changer les choses.

D'autres interactions, en revanche, m'ont permis d'évaluer l'envergure du problème et le chemin à parcourir. Laissez-moi vous expliquer : tout en étant une femme dénuée de pénis, j'ai pu vivre, à un degré moindre, le poids du jugement d'autrui pendant toutes les étapes de la rédaction de ce livre.

Quand j'ai annoncé le titre, quand j'ai dû convaincre de son utilité, quand je disais travailler dessus, souvent, j'ai senti et entendu beaucoup de railleries à peine masquées. On ne m'a épargné aucune question désobligeante : « Alors, toujours sur tes petites bites ? », « Il y a tant de choses à dire sur un si petit sujet ? » Beaucoup de sourires en coin, de remarques qui indiquaient combien on mésestimait l'ampleur de mon travail. Or je sais d'expérience que ça n'a rien à voir avec le fait de parler de bites ; ça, je le fais depuis 15 ans, et les commentaires sur l'écriture érotique sont bien différents.

Là, j'ai eu l'impression qu'on me considérait comme une originale, de m'intéresser à un sujet si « petit », si anecdotique. Question sous-jacente : serais-je une sous-femme, ou sous-amatrice de sexe pour « aimer » les petites bites ?

Il en faut beaucoup plus pour ébranler mes convictions. Je suis une femme, j'adore le sexe, et je me contrefiche de la taille d'un pénis. J'espère vous avoir convaincu que nous sommes nombreuses dans ce cas. Nous prendre pour des filles peu exigeantes, facilement excitables, serait néanmoins une grave erreur. Car c'est exactement l'inverse : parce que nous avons développé un goût et des exigences élevées en matière de sexualité, nous connaissons le peu d'importance de la taille d'un pénis par rapport aux vraies qualités d'un amant : l'écoute, la connaissance du corps des femmes et de leurs désirs. Et ceux qui avaient l'habitude de tout miser sur leur verge colossale ont du chemin à faire car les partisanes du « néo-sexe » sont là, de plus en plus nombreuses, prêtes à vous démontrer le bien-fondé de leur raisonnement… et pourquoi pas à brandir mon modeste livre devant quiconque oserait ouvrir sa braguette en guise de contre-argument. Ce serait le plus bel hommage qu'on pourrait rendre à mon travail.

OCTAVIE À LA RECHERCHE DES PETITES BITES...

Les coulisses d'une enquête de taille

Certains lecteurs se demandent peut-être comment je suis parvenue à dégotter tous les témoignages croustillants qui émaillent mon essai. Qui sont mes témoins ? Comment les ai-je trouvés ? Comment ai-je procédé pour les pousser à la confidence ? Autant de questions qu'il est légitime de se poser, puisque comme me l'a fait remarquer mon éditeur, les témoins ont tout de même accepté de partager des tranches de vie très intimes...

C'est vrai, et pourtant, au premier abord, je ne trouvais rien de si extraordinaire à ma démarche. J'ai toujours parlé très librement de sexe dans ma vie personnelle et ne me suis jamais étonnée qu'on me rende la pareille. Mais je dois reconnaître qu'une telle liberté de parole n'est pas la norme. Ai-je un don pour pousser mon prochain aux aveux ? Je ne le pense pas. On m'a déjà dit que je mettais facilement les gens à l'aise, de là à décréter qu'il me faut dix minutes et un

Perrier rondelle pour qu'on m'offre tous les détails d'une vie sexuelle sur un plateau : non, bien sûr que non.

Alors pour celles et ceux qui s'interrogent sur ma méthode, et aussi pour rendre hommage à toutes ces personnes dévouées qui gravitent autour de moi ou dont j'ai fait la connaissance pour l'élaboration de cet ouvrage, j'ai songé qu'un chapitre dévoilant mes techniques d'approche et narrant les différents aléas que j'ai pu rencontrer pouvait être intéressant.

Il est temps pour moi de vous faire un aveu : j'ai des amis formidables.

Pourquoi vous confier cela ? Parce que je ne me serais pas lancée dans l'écriture de cet essai si je n'avais pas su, par avance, pouvoir compter sur le témoignage de certains et certaines. Je ne sais pas entretenir des amitiés superficielles. Il paraît que c'est une marque d'hypersensibilité, comme je l'ai appris en lisant *Je ne suis pas viril* de Ben Nevert précédemment cité dans cet ouvrage. En somme, si je ne parviens pas à avoir des échanges profonds et intimes avec un ami potentiel, ce dernier va vite finir dans l'oubli. Ce n'est pas un processus conscient, je ne décide pas de cela, je le constate. Mes amis sont ceux avec qui je peux parler de tout – et notamment de sexe. Donc, avant même d'écrire ce livre, je savais qu'Unetelle ou Untel aurait des choses à dire sur le sujet, et je savais aussi qu'ils ne refuseraient pas de témoigner. Dois-je le répéter : ils sont formidables et certains ont déjà témoigné pour moi dans d'autres livres.

Première approche : comment réclamer un témoignage ?

Selon les cas, je demande de vive voix, ou par mail, lorsque ces derniers vivent trop loin.

Pour introduire le sujet, je ne m'embarrasse pas de circonvolutions et j'envoie un courriel du genre : « Eh, tu te souviens que tu m'avais parlé de l'efficacité de la petite bite de Guillaume ? Tu penses que tu pourrais m'écrire un témoignage pour mon prochain livre sur le sujet ! Ce serait trop adorable ! Bisous !!! » Et c'est ainsi que, magie d'internet, je reçois dans les jours qui suivent un texte parfait pour illustrer une partie de mon propos.

Quand mon futur témoin est une amie que je vois souvent, je ne trouve pas meilleur moment qu'un de nos rendez-vous réguliers pour amener le sujet. J'ai procédé ainsi, par exemple, pour obtenir le texte de Miss Kat.

Selon nos habitudes, je la rejoins dans un de nos différents spots parisiens pour déjeuner avec elle. Ce jour-là, c'est à Trinité, le soleil a enfin décidé de donner à la ville ses couleurs printanières. Et moi aussi, j'ai assorti ma tenue à ce festival coloré. Une fois n'est pas coutume, je suis en avance. Je hume l'atmosphère frétillante du quartier où se mêlent employés de bureaux, touristes et badauds. Dès qu'elle m'aperçoit, Miss me prend dans ses bras, un gros *hug* à la manière des Américains. Mon amie, radieuse dans sa veste en cuir et ses bottes lacées, n'a pas le contact difficile. Son grand sourire donne à ses yeux une obliquité charmante et clame notre bonheur de nous retrouver. Chacune de nos entrevues est la promesse de conversations joyeusement dévergondées, d'aveux terriblement audacieux et d'une fin de journée placée sous le signe de cet enivrant souvenir. Au début, nous prenions soin de choisir la table la plus isolée de l'établissement où nous nous retrouvions, maintenant nous nous fichons des réactions du voisinage. Il y a de fortes chances pour qu'ils nous entendent parler de partouzes, *golden shower* ou encore *pegging*… si ça peut les détourner du stress du boulot, leur procurer un moment de franche rigolade, nous sommes prêtes à sacrifier notre apparente respectabilité.

Ce jour-là j'ai secrètement décidé d'interroger la miss à propos de mes petites bites. La date de remise de mon manuscrit approche et je manque encore de matière. Je ne sais pas combien d'hommes elle a connus, mais en adepte du libertinage, je ne doute pas qu'elle se soit payé une belle tranche représentative de la population masculine. Le sujet est-il difficile à aborder ? Pas vraiment. C'est plutôt la transition qui ne se présente pas immédiatement. Notre bowl thaïlandais arrive alors que la miss s'enquiert de savoir si j'ai déjà essayé ou connu une pratique SM impliquant une banane épluchée, laquelle, vous l'aurez deviné, finit plantée dans le fondement du soumis. Je regarde mes baguettes avec une moue dubitative : « Épluchée, tu dis ? Non, non, elle s'écraserait, on n'arriverait pas à la faire rentrer, à moins que l'anus ait été longuement travaillé par avance, avec de très gros calibres, qu'il soit vraiment assoupli... Sinon je ne pense pas que ce soit possible. Mais pourquoi ça t'intéresse ? » dis-je en plongeant mes baguettes dans le mélange de riz et de poulet croustillant, prête à me régaler des saveurs subtiles des herbes parsemées en généreuse quantité sur le plat.

« Un admirateur m'a écrit un mail. Son fantasme ultime serait que je lui enfonce une banane épluchée dans le cul et qu'elle ressorte tellement propre que je pourrais la manger devant lui. »

Un moment, ma respiration s'interrompt, mes poumons retiennent l'air inspiré, j'écarquille tellement les yeux qu'ils pourraient tomber dans mon plat si je n'y prenais pas garde. Il est rare qu'une perversion me soit inconnue, mais là, le bougre a visé juste.

« Wouah ! » finis-je par lancer en reprenant une bouffée d'air...

« Si, si », répond-elle avec cet air contrit qu'elle joue si bien.

« Non ?

— Si.

— Non, impossible », ai-je conclu en finissant par porter une portion de riz à mes lèvres. (Hum, pas mal ces saveurs... Mais j'aurais dû tremper le poulet dans la sauce.)

« Mais dis donc, en parlant de banane, tu as déjà rencontré des petites bites ? » (Voilà ! Je tiens ma transition ! Un peu comme les pénis : n'existe-t-il pas des bananes de tous les calibres ? Les plus petites, les bananes figues sont aussi appelées aux Antilles des « rhabillez-vous jeune homme ». Mais vous savez quoi ?

Ce sont les meilleures, leur saveur est incomparable !)

La miss s'accorde un temps de réflexion, regard tourné vers la théière en céramique où infuse notre Oolong au jasmin. Elle caresse le foulard noué à son cou.

« Ça dépend. À partir de quand c'est petit ?

— Exactement 7 cm en érection et 3,5 au repos », rétorqué-je cash, fière de la précision de mes connaissances, fraîchement acquises auprès d'un andrologue dont je venais de faire la connaissance.

« Dans ce cas, oui, j'en ai connu deux.

— Et ce sont de bons souvenirs ? »

Nouveau temps de réflexion.

« Plutôt, oui.

— Tu pourras m'écrire un témoignage à ce sujet ?

— Avec plaisir. Je parle aussi de la banane ?

— Non, ça, je m'en chargerai. L'anecdote est trop belle pour rester enfermée entre les murs du restaurant. »

Pendant ma phase d'investigation, je commence toujours par interroger mon cercle de proches amis. Je me vois comme une araignée qui tisse sa toile, or j'ai toujours aimé les travaux d'aiguilles. Je glane ce que je peux tout autour de moi, et quand ça n'est pas suffisant, j'agrandis la toile en demandant aux personnes du premier cercle si elles ne connaissent pas d'autres témoins potentiels. Et cela s'avère particulièrement efficace. Ainsi, j'ai reçu un appel de ma tante (elle fait partie du premier cercle), qui m'a dit :

« Je suis avec ma collègue, Marie-France, je lui ai parlé de ton projet, elle voudrait témoigner sur une très grosse bite, ça t'intéresse ?

— Bien sûr », me suis-je empressée de lui répondre, calepin et crayon à papier déjà en main, « Passe-la-moi. » C'est ainsi que je me suis retrouvée à recueillir le témoignage on ne peut plus intime d'une parfaite inconnue.

J'ai également rencontré Héloïse par le biais du « premier cercle ». Héloïse est une copine d'enfance de ma meilleure amie. Il m'est arrivé de la croiser ici et là sans vraiment m'engager dans des discussions poussées avec elle. J'ai été surprise et touchée qu'elle accepte de se livrer à moi, qui plus est en face-à-face. Cela n'aurait pas été possible, à mon avis, sans notre intermédiaire digne de confiance.

Je l'ai rencontrée un jour de pluie dans un troquet près de la Gare Montparnasse. Héloïse, qui vit en Bretagne, était de passage à Paris. Tout de suite j'ai scanné la salle du regard et lui ai proposé qu'on s'installe au fond, le plus loin possible des quelques grappes de consommateurs qui peuplaient timidement la pièce. Échanges de courtoisies et de nouvelles, sourires de connivence à gogo, nous parlons vite de nos enfants, puisque nous sommes toutes les deux mères d'un petit garçon. Or je sais que la maternité, surtout quand on réalise combien l'expérience est à la fois unique et bouleversante pour toutes les femmes, crée un sentiment de sororité. Toutes dans le même bateau, pourrait-on dire...

Une fois nos consommations entamées, je sors mon fameux calepin, gage de mon sérieux. Il indique que je ne suis pas là par curiosité malsaine, mais bien pour mener une enquête. De même, mes questions préalablement rédigées augurent d'une démarche qui se veut journalistique. Je mets toutefois mon interlocutrice à l'aise, soulignant que mes questions ne sont que des fils rouges, qu'il ne faut pas se sentir limité par ces dernières. Le chouïa de timidité qu'affiche Héloïse dans les premiers moments de l'interview, disparaît dès qu'elle s'aperçoit que nous parlons le même langage. Oui, ma démarche est sérieuse, mais je préfère qu'on parle gaiement de baise, de bites, pipes et cunni plutôt que de « coïts » ou de « sexe oral ». Le ton est donné et c'est alors sans retenue que la jeune femme me raconte, « m'explique » gestes à l'appui, tout ce qui faisait la magie de son ancien partenaire à petit sexe. Deux heures et demie plus tard, je quitte mon interlocutrice galvanisée par cet entretien (j'ai un témoignage du tonnerre), mais aussi émue et pleine de gratitude. J'ai totalement oublié qu'il pleuvait sur ma tête et que je n'avais ni capuche ni parapluie pendant le trajet de retour. « I'm singing in the rain, just singing in the rain », aurait-on pu lire dans mes pensées alors que je trottais entre les flaques.

Le contact et la discussion avec les femmes témoins n'ont donc pas posé de problème. Toutes se sont prêtées au jeu avec volubilité et bonne humeur.

Le plus difficile a été, et je m'en doutais avant même de commencer mon enquête, d'atteindre des hommes concernés, d'entendre leur propre voix. Encore une fois, j'ai joué l'araignée-mère. Avais-je personnellement connu des « petites bites » ? Et, parmi les détenteurs de ces dernières, qui pouvais-je contacter pour un témoignage ? Pas tous, vous l'imaginez bien. Je me voyais mal écrire un SMS à Chris ou Julien pour lui dire : « Tu te souviens de moi ? On a passé un bon moment il y a 15 ans, je me souviens que ton pénis n'était pas très gros, tu voudrais bien m'en parler ? » Si j'avais voulu déclencher des incidents diplomatiques majeurs en chaîne, je n'aurais pas pu mieux m'y prendre... J'ai donc opéré un tri dans mon ancien cheptel, au terme duquel il est resté un homme avec qui j'avais gardé un bon contact. J'ai hésité longuement avant de me jeter à l'eau. Tout d'abord, il n'avait pas un micropénis mais un sexe plutôt en dessous de la moyenne. Et puis, comment prendrait-il la chose ? Loin de moi l'idée de le vexer, puisque je gardais un très bon souvenir de nos galipettes. Comment évoquer le sujet sans qu'il se sente diminué ? J'ai dû déployer des trésors de diplomatie et de compliments préliminaires avant de lâcher le morceau. Plus de peur que de mal, mon ami a réagi avec humour et décontraction. Nous avons échangé de nombreux messages que j'ai combinés pour élaborer son témoignage.

J'avais donc un premier rapport masculin, mais plus la moindre piste pour en débusquer d'autres. J'ai essayé sur mon site de rencontres. Après tout, en épluchant les fiches, j'avais croisé quelques pseudonymes évocateurs comme « Modeste queue » ou encore « Petit bout », mais j'en suis revenue bredouille. J'ai alors activé mon premier et deuxième cercle, jetant en quelque sorte une bouteille à la mer : « Quiconque connaît un homme ou une femme lui ayant parlé de ce sujet pour une raison ou pour une autre est prié de me contacter ! Faites passer le message et n'hésitez pas à interroger vos proches. » J'avais tissé le troisième cercle de ma toile, il ne me restait plus qu'à attendre que l'on daigne venir s'y engluer. Ce fut assez rapide. Ma cousine m'a appelée pour me dire que la sœur de son petit copain pouvait m'aider... elles avaient déjà eu une discussion à ce sujet. Puis c'est une connaissance qui m'a raconté lors d'un échange professionnel qu'elle fréquentait un couple très sympa. Ils s'étaient rencontrés à l'occasion d'un stage de sexe tantrique et d'après elle, le garçon serait assez ouvert pour me parler de son sexe moyennement grand.

Il est intéressant d'ajouter que si j'ai pu discuter avec ces hommes (l'un au téléphone, l'autre par mail), je n'ai jamais vu leur visage. Notez que la sexologue Nathalie Giraud m'a confié la même chose à propos de plusieurs de ses patients à micropénis : elle n'a eu avec eux que des échanges virtuels et ne les a jamais vus.

Évoquer l'apport de Nathalie à cet ouvrage me permet d'ouvrir un nouveau chapitre de mon enquête : l'approche des professionnels. Car ça, ce fut encore une autre paire de manches.

Dans un premier temps, je me suis informée sur internet, sans grandes attentes, car je ne fais pas confiance à ce médium : même quand je cherchais des informations purement scientifiques, je trouvais tout et son contraire. Par exemple, aucun site ne s'entendait sur la taille en centimètres d'un micropénis !

Or, je voulais recueillir des paroles d'experts, et surtout des paroles qui me soient rapportées directement.

J'ai commencé ma quête assez maladroitement, tâchant de contacter des professionnels mentionnés dans divers articles que j'avais lus. J'ai fait chou blanc, ce qui ne m'a étonnée qu'à moitié. On ne peut pas dire que ma notoriété soit flagrante, ni mon œuvre connue du grand public.

Le destin a voulu que je me trouve un jour dans le cabinet d'un chirurgien gynécologue qui devait m'opérer. Au hasard de la conversation, il m'a dit qu'avant de se consacrer aux femmes, il avait été urologue. J'ai sauté sur l'occasion pour lui soutirer une interview qu'il m'a accordée de bonne grâce. Nous avons siroté un jus d'oranges pressées à Saint-Germain-des-Prés pendant que le praticien me répondait de manière laconique : « Non… non… non… jamais ». Mes principales interrogations demeuraient sans réponse. « Mais combien de temps avez-vous pratiqué l'urologie ? », lui ai-je demandé, surprise. « Oh, six mois… »

Je rongeais mon frein en câlinant ses deux Golden retrievers, qui semblaient avoir développé en l'espace de quelques minutes un amour surdimensionné pour ma personne. J'ai fait contre mauvaise fortune bon cœur, et nourri la conversation.

Notre goût commun pour les lettres délia les langues. Mon interlocuteur était lui aussi en train d'écrire un livre. Alors qu'il en arrivait au chapitre « Sexualité », il séchait, m'a-t-il dit. Ça m'amusait qu'un gynécologue « n'y connaisse rien » en sexualité, comme il me l'affirmait, et je lui ai suggéré d'interroger un sexologue. Il m'a répondu qu'il en connaissait bien une, une certaine Nathalie… Comme il a marqué une pause, semblant chercher son nom de famille, j'ai risqué un : « Giraud ? » Étonné que je le devance, il m'a demandé si je la connaissais aussi. Et comment !

Je l'avais rencontrée à l'époque où elle tenait un stand Piment Rose lors des spectacles musicaux organisés par Julia Palombe. Moi, je proposais des « interludes », lectures érotiques en tenues plus ou moins légères. Je croisais souvent le regard complice de Nathalie quand, seule devant mon micro, je débitais des obscénités devant un public pas toujours attentif. Depuis, je l'ai vue évoluer dans le milieu de la sexothérapie avec talent.

Nous n'en sommes pas revenus d'avoir cette connaissance en commun, et pas des moindres, puisque Nathalie nous apparaissait comme une papesse de la sexothérapie. En raison de son professionnalisme, mais surtout pour son charisme unique, sa voix ensorcelante et son sens de l'humour aiguisé. J'ai noté dans un coin de ma tête de ne surtout pas oublier de la contacter. Son apport à mon *Éloge* a d'ailleurs été aussi riche que je l'avais imaginé.

Le chirurgien m'a ensuite orientée vers l'un de ses collègues urologue, mais les réponses de ce dernier m'ont laissée encore une fois sur ma faim. En vérité, j'avais l'impression que ces professionnels avaient peu rencontré d'hommes à petit pénis, et quand c'était le cas, ces hommes ne venaient pas les consulter pour ce problème…

Bref, je piétinais.

Pire que ça : j'obtenais des réponses différentes à des questions pourtant aussi simples que « quelle est la taille officielle d'un micropénis ? ». En consultant telle ou telle source sur internet : même écueil. Les chiffres différaient et moi je commençais à m'arracher les cheveux…

Mon moral ne s'est pas amélioré quand j'ai décidé de contacter des chirurgiens esthétiques, pratiquant officiellement la pénoplastie. Je n'en connaissais aucun personnellement, aussi me suis-je contentée d'appeler leur secrétariat, me présentant comme une écrivaine travaillant sur la question de la taille du pénis. Systématiquement, la secrétaire me disait que le docteur était en rendez-vous et me rappellerait. J'ai attendu… attendu… vainement. Je subodorais que ces praticiens aux honoraires faramineux n'avaient aucune envie de perdre leur précieux temps « gratuitement ». À cette époque, je ne savais pas que leur pratique était controversée, pour ne pas dire non reconnue par l'Ordre des médecins, ce qui ne poussait pas aux confidences. C'est ce que m'a appris mon ami Philippe Brenot, psychiatre et anthropologue, auprès de qui je me suis épanchée. Celui-ci m'a orientée vers une chirurgienne de sa connaissance. Cependant, même recommandée par le grand maître, la praticienne, autrement plus bavarde sur Marianne.net, n'a pas daigné me répondre… Chou blanc une nouvelle fois !

« Et toi », ai-je demandé à Philippe, en désespoir de cause, « je peux t'interviewer en qualité de sexologue ? »

Philippe ne fait pas mystère d'avoir rencontré plus de 1 000 couples… Si sur cet échantillon représentatif, aucun ne s'était épanché sur une histoire de taille, je serais bien avisée de raccrocher mon tablier.

Ce soir-là, Philippe m'a donné rendez-vous dans une brasserie du XVIIe arrondissement. Ma dernière chance.

Je comptais l'interroger à la fois sur ses connaissances en anthropologie et sur sa pratique de la sexologie, mais je ne perdais pas de vue qu'il était médecin, et comptais tirer un maximum d'informations de notre entrevue.

Nous avons entamé la conversation devant un verre de vin blanc. En incorrigible bavard, Philippe s'est montré incapable d'aborder immédiatement le sujet de ma venue, et je l'oubliais presque moi-même tant ses talents de conteur m'ont transportée, de son ancien domaine bordelais à sa collection d'objets anciens. Au cours du repas, il m'a éclairée sur plus d'un point d'anthropologie qui me donnaient du fil à retordre, puis nous sommes passés à mon questionnaire orienté médecine et sexo au moment d'entamer le dessert – pain perdu au chocolat, pour moi. Là, mon ami a fait preuve de la plus grande des modesties en m'avouant que finalement il avait rencontré très peu de patients dont le micropénis était problématique, et n'avait pas spécialement d'exemples éclairants en tête.

« Bien sûr, certains hommes s'interrogent beaucoup sur la taille, mais tous ceux qui le font ont un sexe de taille normale, ils font de la dysmorphophobie… » m'a-t-il confié.

Les causes les plus fréquentes d'inquiétude, pour lesquelles on consulte un sexologue, sont l'érection et l'éjaculation précoce. Sujets très intéressants, et on ne peut moins phallocrates, mais cela n'arrangeait pas mes affaires...

C'est alors que tout s'est éclairci : « Je sais ce que tu vas faire, tu vas contacter mon ami Pierre Desvaux, il est andrologue et sexologue, c'est une sommité dans son domaine, lui saura te répondre. »

Le mot était lancé et je comprenais enfin mon erreur : je m'étais obstinée à questionner des urologues alors que les vrais spécialistes de la verge étaient les andrologues ! C'était eux qui recevaient les hommes souffrant de la taille ou de l'aspect de leur pénis ! Eurêka ! Comment avais-je pu faire l'impasse sur l'andrologie ?

Je suis donc repartie dans la nuit parisienne, riche de quelques feuillets couverts de croquis tracés par Philippe : des Vénus préhistoriques, des vulves pariétales, un propulseur d'armes de jets en forme de double pénis (qui n'étaient pas des godemichés, comme certains malins aiment à l'interpréter[1]) et les dix chiffres

1. Philippe est de l'école du « Eh oh, les gars, on va pas s'exciter et sortir la théorie du gode juste parce qu'un objet a une forme de bite, OK ? » Tout comme moi, d'ailleurs. Sauf qu'en ce qui me concerne, c'est juste par « instinct de mini-historienne », donc ça ne compte pas vraiment, mais j'étais contente de l'entendre dire de la bouche d'un expert, car je trouve assez suspects et ridicules tous ces nouveaux articles qui sortent sur les sextoys préhistoriques (j'en ai même lu un sur une pierre « de forme phallique » retrouvée parmi les pierres de construction du mur d'Adrien en Grande-Bretagne, que certains petit malins ont cru bon de qualifier de probable godemiché...) Sans parler des soi-disant preuves : « Il y a des micro-éraflures sur ces objets ! Ils ont donc ramoné des chattes ! » Mais oui, bien sûr, les vagins ont des dents, c'est bien connu, et après 10 000 ans d'existence, un objet qui présente des micro-éraflures ne peut avoir été abîmé que par les frictions d'une chatte... c'est évident mon cher Watson. Les gars, si on pouvait arrêter de penser qu'une femme a envie de s'enfoncer dans le vagin tout objet oblong, ce serait sympa, merci !

du numéro de téléphone de mon sauveur.

Lors de notre entretien, le praticien m'a offert sur un plateau toutes les réponses qui me manquaient, dont la plus élémentaire : quelle est la taille officielle d'un micropénis ? Tant de mois de recherches pour LA réponse exacte, celle des données internationales : 7 cm en érection, 3,5 au repos. Beaucoup de nœuds au cerveau, diront certains, pour si peu de centimètres… Mais c'étaient bien ces centimètres qui m'échappaient depuis si longtemps. Tout le reste de notre échange a été pour moi du pain béni. J'avais enfin trouvé le spécialiste en la matière, à qui je dois les informations les plus pointues sur le micropénis. Son sourire, son franc-parler et sa précision ont fini de me convaincre que j'avais enfin assez de matière pour m'attaquer à ce « si petit sujet », qui m'avait toutefois occupée de longs mois durant.

REMERCIEMENTS

Je tiens à adresser mes chaleureux remerciements à mes éditeurs, Anne Hautecoeur et Christophe Siébert, pour leur soutien et leurs conseils avisés, ainsi qu'à tous les professionnels de santé, Nathalie Giraud, Philippe Brenot, Pierre Desvaux, Bruno Deval et Maurice Notarantonio, dont les propos m'ont été précieux.

Un grand merci également à tous les témoins : Nelly, Héloïse, Delphine, Katia, Charlie, Marie-France, Laurent, Frédéric, Thomas et à tout ceux qui ont préféré rester anonymes : sans vous, cet essai n'aurait pas pu voir le jour.

Octavie Delvaux, juillet 2023.

TABLE DES MATIÈRES

Achevé d'imprimer en novembre 2023
sur les presses de la Nouvelle Imprimerie Laballery
58500 Clamecy
Dépôt légal : novembre 2023
N° d'impression : 310725

Imprimé en France

La Nouvelle Imprimerie Laballery est titulaire de la marque Imprim'Vert®